将来の不安を
打ち破る人生戦略

投資家みたいに生きろ

A Way of Life like an Investor.

ひふみ投信
藤野英人

ダイヤモンド社

この本は、
〝投資家という職業になるための本〟
ではありません。
〝投資家みたいに生きるための本〟
です。

「投資家みたいに生きる」とは何か。
それは、投資家が当たり前に考えている
「思考」を手に入れ、
日々の「習慣」を変えることです。
投資と聞いて「お金でお金を増やすスキル」としか
考えられない人は、これからの新時代を
生き抜いていくことが難しいでしょう。
なぜなら、「投資＝お金」というのは、
投資のごく狭い世界の話だからです。

投資という概念はもっと広く、深く、
とてつもない力を持っています。

◎世の中のどこにチャンスが転がっているのか
◎自分の市場価値をどう上げればいいのか
◎ノーリスク・ハイリターンな習慣とは何か
◎日本人に欠けている金融教育とは何か……

そう、あなたに授けるのは、
スキルではなく〝スタイル〟です。

投資の本質を知り、
その力を使いこなせば、
これからの人生100年時代、
あなたは一生成長し続けることができます。
そんな投資の不思議な世界を
のぞいてみましょう。

はじめに
将来の不安を打ち破る人生戦略

みなさんは将来のことを考えますか。

もしかしたら、「なんとなくお金のことが不安だ」と感じているのではないでしょうか。その不安は、一体どこから来るのでしょう。

令和元年の6月、金融庁の報告書「高齢社会における資産形成・管理」、いわゆる「老後2000万円問題」が話題になりました。

この報告書では、「現在60歳の人の約4分の1が95歳まで生きる」という試算が紹介されています。

そして、その中の「夫婦2人が95歳まで生きると、老後のお金が2000万円不足する」という一文が、日本中を駆け巡りました。

なぜ、このことが取りざたされたのでしょうか。

多くの人は、20歳くらいから働きはじめます。そして、60歳で定年を迎えます。つまり、40年間働くことになります。

その後、仮に100歳近い年齢まで生きるとすると、約40年間分の蓄えを用意しておかなければなりません。

ということは、

〝20歳から40年働きながら、老後の40年の貯蓄をつくっておかないといけない〟

という計算になります。

いかがでしょう。

これだけを見ると、かなり難しいことに聞こえるのではないでしょうか。


今から50年ほど前の1970年、日本人の平均寿命は約67歳だったそうです。

当時は55歳が定年でしたから、50代になると多くの人は、「これ以上は働けないな……」と思えるほどに、ヨボヨボになっていたのです。

年金制度は、当時のそういった人々の面倒をみるものとして設計されました。

つまり、老後の「年金暮らし」は、約12年間と見積もっていたわけです。

しかし、**平均寿命はどんどんと延び、国に老後の面倒をすべてみてもらうのは無理だ**、という現実がやってきたのです。

これが、おそらくみなさんが抱える「お金の不安」の正体です。

じゃあ、どうすればいいのでしょうか。

今からやるべきことは、じつは明確です。

解決策は、とてもシンプル

将来に向けたお金の不安をなくす方法とは何か。

1つ目は、「**若いうちにたくさん稼ぐこと**」です。

老後の心配をすることなく暮らせるくらい、たくさんのお金を稼げるなら、それに越したことはありません。ただ、能力的に恵まれた一部の人にしかできなさそうです。

2つ目は、細く長く暮らしていくよう「**支出を抑えること**」です。

実家暮らしや自炊などの節約を徹底的におこない、コツコツと老後資金を蓄えておくのです。おそらく多くの日本人が大好きな方法でしょう。

これら2つの方法は、それぞれ「成功術」「節約術」として、多くの本が出版され、語られてきたことです。

私が投資家の立場として伝えたい解決法は、この2つとは別の方法です。

投資家的な解決法。その1つ目は、元気で働ける限り、「**長く働き続けること**」です。寿命が延びるのであれば、「健康寿命（介護を受けたり寝たきりになったりせず、日常生活に制限がない期間）」も同時に延びているということです。そうすると、かつて60歳だった定年が、70歳、75歳と延びていくのは自然なことでしょう。

2つ目の方法は、将来に備えて「**収入の一部を投資に回すこと**」です。長くコツコツと投資をおこない、資産形成をしていくのです。

将来の不安をなくすための戦略は、先ほどの2つの方法と投資家的な2つの方法、合計4つしかありません。

そして、**そのどれか1つが正解というわけではなく、1人1人が収入や生活に応じて4つを組み合わせていくのです。**

以上が模範的な答えです。

ただ、じゃあ全員がそのとおりに実行できるかというと、そうではありません。

なぜなら、「長く働き続ける」「収入の一部を投資に回す」という投資家的な解決策には、大きな誤解が生じているからです。

3つの誤解

その誤解は、大きく分けて3つあります。

まず、自立する気持ちが欠けている人が少なくないことです。

社会全体が成立するには、「自助・共助・公助」、つまり自分が自分を助けること（自助）、家族や友人関係などでお互いに助け合うこと（共助）、そして行政による支援（公助）を組み合わせることが必要です。

健康で元気に働ける人は自助をベースとし、健康を失うなどで事情があって働けない人を共助や公助でサポートしていくのがあるべき姿でしょう。

お金は天から降ってきたりはしませんから、自分たちで稼ぎ、自分たちで生活し、自分たちで将来に備えるというのが原則です。

「自己責任」という言葉は厳しく聞こえることもありますが、社会全体の基本は「自己責任と自立」であり、**自分の人生は自分で支えるのが本来のあり方です。**

もし、健康で働くことができるのにもかかわらず、共助や公助に期待しているなら、それは自立心が足りないと言わざるを得ません。

これが1つ目の誤解です。

「働けるのに働かない人」までを国が助けることになってしまうと、労働人口は減り、国が滅びることになってしまいます。

どのような社会や国家であれ、働ける人が働いて一生懸命稼ぐことは基本なのです。


2つ目の誤解は、労働観です。

詳しくは本書で述べますが、「嫌なことを我慢したり、意に反することをするのが仕事というものだ」と思っている人が少なくありません。

たしかに、苦痛が多くてストレスが溜まる仕事や、体力でなんとか乗り切るような働き方をずっと続けるのは無理が生じます。

「今の仕事は、70歳になっても楽しく続けられるだろうか」と、**長期的な目線で考える必要があるのです。**

もし、それが無理そうであれば、「どんな仕事だと続くか」「転職すべきか」「副業もすべきか」など、働き方を変えていかなくてはいけません。

そして最後の誤解は、国民全体の金融リテラシーの低さです。

これも詳細は後で書きますが、**日本人の約50%もの人が、「投資なんて勉強したこともないし、やるつもりもない」と考えている**のです。

その背景には、「投資をしたり、投資について勉強するのは悪いことだ」という強い思い込みがあります。

今こそ「生き方」を変えるとき

さて、最初に紹介した金融庁の報告書は、高齢社会を取り巻く環境変化について整理し、考えられる対応についてまとめたものでした。

「夫婦2人が95歳まで生きると2000万円不足する」などと断定しているわけではなく、非常にまっとうな提言だったのです。

ところが、メディアは報告書をきちんと読み込んだとは考えにくいほどに、内容を捻《ね》じ曲げてセンセーショナルに報道しました。

それに対する世間の反応も、非常に残念なものでした。

「これは、根底から考え方を変えないと、不安に取り憑《つ》かれて、ますます萎縮《いしゅく》した日本になってしまう」

そんな危機感を、投資家である私は抱きました。

70歳、75歳と、長く働けるようにするには、「自己投資」という概念が不可欠です。

そして、金融庁が報告書で触れていた投資は、「長期・積立・分散投資」のことであり、実はリスクの低い王道の投資法です。

これらはすべて、投資家みたいに考え、投資家みたいに生きることで、ちゃんと解決ができる問題なのです。

「投資」という概念を正しく理解し、自分の人生に組み込んでいけば、きっとあなたの未来は明るいものになるでしょう。

「老後2000万円問題」は、日本にとってターニングポイントになると思います。そして、**そのターニングポイントのときに、私たちがどう行動したかが、その後の歴史を決定づけます。**

私は、その歴史的なメンバーの一員という意識をもって、これから「投資」について語ろうと思います。

本書には、私が投資家として生きてきて培ったノウハウをすべて詰め込みました。将来の不安を打ち破り、戦略的に生きる人が1人でも多く増えることを願ってやみません。

藤野英人

目次

思考2

それでもあなたを「動かさないもの」の正体

習慣1

今日の「過ごし方」が未来へとつながる

習慣2

長い人生で「必要な資産」を増やす

エピローグ

「お金の投資」をはじめてみよう

プロローグ
「リスクと向き合う」ということ

平成が終わりました。

日本経済を長らく停滞させてきたもの。

それは、保守や忖度《そんたく》を重んじ、リスクを避ける体質でした。

特に、日本では高齢化問題が重しになっています。どの組織でも上の世代がいつまでも重要なポストに居座り、新陳代謝が起きにくくなっている。その結果、若い人たちが力を発揮する場所が増えず、社会に新しい価値観が根付かない。時代が変化しつつあるのに、旧来型の発想から抜け出せず、成長の芽が摘《つ》まれてしまうのです。

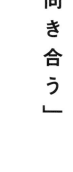

その一方で、新しいことにチャレンジする若い人たちが増えています。

ベンチャー企業を立ち上げて30代で役員になって高収入を得たり、専業ブロガーや

YouTuberとしてコンテンツを作って稼いだり、副業やダブルワークも当たり前になり、会社員にとらわれない働き方をする人はどんどん増えています。

彼らに共通するのは、

〝リスクをとることで大きなリターン（成果）を得ている〟

ということです。変化することを恐れずにお金や時間を自分や会社に投じて、さらに大きな収入や多くの自分の時間を得ています。日本経済全体が停滞する中で、一部の人たちは確実に「成長」をし続けています。

この「リスクをとる」という考え方は、まさに「投資」の考え方です。

投資の世界におけるリスクとは、「得られるリターンの不確実性の度合い（振れ幅）」のことを指します。

リスクをとらないとリターンが得られない。すなわち、大きなリターンを得たいのであれば、不確実性（リスク）を受け入れなくてはいけません。

多くの日本人は、変化や変動を嫌います。できるだけリスクをとることを避けて、現状維持を好みます。だから、何かに挑戦することができずにいるのです。

「日本人とリスク」の問題を考えるとき、私はよく日本史にヒントがあるという話をします。誰もが学校で学んだことですが、奈良・平安時代に日本は遣唐使《けんとうし》を中国に派遣しました。

当時の船は20メートル程度の大きさで、航海の技術は未熟なものだったそうです。なんと、中国へ渡る船の約半分は沈没してしまいました。50％の確率でしか中国に渡れなかったのです。

それでも、1隻の船には100人ほどの遣唐使が乗りました。彼らは、当時の高官や留学生で、いわば「超エリート」の人たちです。

遣唐使のときは4隻の船を出しました。なぜなら、行きの船で2隻が沈み、帰りの船では1隻が沈む計算になるからです。

300人ものエリートや財産を海の底に沈めてでも、中国の政治体制や文字、文化、宗教を取り入れようとしたのです。**かつての日本人はこうした「リスクテイク」をして、貪欲《どんよく》に外の世界から学びました。**日本人は決してリスクをとれない民族ではありません。

新しい価値を生み出すには、リスクが必ず伴います。

私自身もリスクを常に考え、リスクをとる人たちを応援し、彼らの成長を近くで見てきました。そして、たどり着いた1つの結論があります。

これからの時代を生き抜くには、「投資の思考」が必要不可欠だということです。

投資家ほど「成長」を近くで見続けた人はいない

みなさんは、私の職業である「ファンドマネジャー」の仕事はご存じでしょうか。

ファンドマネジャーとは、投資家からお金を預かり、そのお金を使って投資をする担当者のことです。

主に投資先の選定や、売買タイミングの決定をおこない、預かったお金を運用しています。私自身が専門としている投資先は、日本の企業、特に「成長」が見込める中小企業です。

この仕事を夢中で続けてきて、かれこれ約30年になります。

大学卒業後、司法試験を受けるまでの「繫《つな》ぎ」のつもりで就職した運用会社で中小企業担当のアナリストになったことを皮切りに、現在のレオス・キャピタルワークスを立ち上げるまで、本当にエキサイティングな日々を過ごしてきました。

中堅企業や急成長するベンチャー企業の経営者たちと毎日のように会い、ダイレクトに自分の仕事への情熱を語ってもらったり、地方にある世界の産業を支える部品をつくっている企業に出会ったり、工場見学で誇りを持って働く従業員たちに感動したり……。

そうして働くうちに気づいたことがあります。

それは、**私たちが手がけている企業への投資とは、株価への投資ではなく、「人への投資」だということです。**

投資先を決めるときには、長期的に成長するか、利益を上げていける会社かということを見極めていくわけですが、そこで要になるのは、「人」です。

働く人を率いる経営者の考えは何より重要ですし、機械を動かすのも技術を磨くのも、すべては人です。実際に、経営者や社員がいきいき働いている企業に投資したほうが、そうでない企業に投資するよりも成果が上がります。

これは、過去に述べ7000人以上の経営者にインタビューをおこなってきた経験上、明らかにいえることです。

「成長のにおい」を嗅ぎ分けろ

投資家というと、どんなイメージがありますか。

「パソコンの前で、数字のデータとグラフを分析している」

「ギャンブルのように株式やFXを売買する」

そのような「デイトレーダー」の印象が強いかもしれませんし、マンションなどの不動産投資をする人を想像するかもしれません。

しかし、実際は先ほど語ったように、**人間的で泥臭いものなのです。**

特に、私のように主な投資先が中小企業の場合、地方まで足を運び、実際にその土地を歩き回り、人に会い、直接お話をして、成長するかどうかを見極めています。

よく例に出すのは、富山県にある東証二部上場の朝日印刷という会社です。

全国的にはあまり知られていないかもしれませんが、医薬品や化粧品の箱の印刷をしている会社で、この分野ではトップとなる約4割のシェアを誇っています。

なぜ大手を差し置いてシェアを獲得できているのでしょう。医薬品には、いわゆる薬事法という法律があり、パッケージの印刷をするのにも面倒な手続きが多くなります。そのため、大手印刷会社はわざわざ力を入れない分野なのです。

そこに朝日印刷は勝機を見出し、リスクをとって設備投資をしています。現在も2020年春に大規模な工場が完成予定です。

このような地道な成長企業は、実際に地方に調査しに行き、実態を聞かなくては気づくことができません。そうして適切にリスクをとっていける人たちなのかを見極めます。

投資家的な見方をすると、成長のにおいを嗅ぎ分けられるようになるのです。

「印刷＝斜陽産業」という先入観にとらわれると、こうした成長に目がいきません。常識や固定観念から逃れるためにも、投資家的なものの見方は必要なのです。

リスクとの向き合い方が「二極化」を生む

私は今、日本人は2つのグループに分けられると思っています。

・失望を最小化する人たち
・希望を最大化する人たち

まず、圧倒的に多数派なのが、「失望を最小化する人たち」です。彼らは、「将来には、どうせ失望が待っている……」という考え方をし、なるべく失望を少なくとどめようと、行動原理もリスクを最小化する傾向があります。

「今いる会社は好きではないけれど、転職したらもっとブラックなところにいくかもしれないから、我慢して会社にしがみつく」

「友人が多いと傷つくことがあるかもしれないから増やさないし、フェイスブックやツイッターなどのSNSもしないでおく」

そんなマインドを持った人たちです。お金についても、「貯めておけば何とかなるかもしれない」と、不安に取り憑かれて節約ばかりするのです。

一方で、少数派なのが、「希望を最大化する人たち」です。

彼らは、「**将来は明るいし、挑戦したほうが喜びは大きくなる**」と前向きに考えられるグループです。自分を成長させるため、そして社会に貢献するために、「自分にできることは、積極的に取り組もう」と考えます。変化を望み、自ら進んで動き、希望を最大化するべく行動します。

このグループの人は、「何もしないこともリスクだ」ということがわかっているので、消費や投資行動にも前向きです。私が投資家として投資先に選ぶ企業の経営者や従業員のほとんどは、「希望を最大化する」側の人たちです。

「コップに残った半分の水」という有名な話があります。その半分の水を見て、「半分も残っている」と考えられる人は、物事の良い部分を見る人です。つまり、「希望を最大化できる人たち」です。一方で、「半分しか残っていない」と考える人は、「失望を最小化する人たち」です。

「失う怖さ」を直視しよう

さて、あなた自身はどちら側のタイプでしょうか。

ここで別のテストをしてみましょう。次の質問について考えてみてください。

Q 「コインを投げて、表が出れば、1万円がもらえます。しかし、裏が出れば、5000円を支払ってもらいます。勝負は1回。チャレンジしますか?」

いかがでしょう。

おそらく、この条件では、「しない」と答えた人も多いのではないでしょうか。

でも安心してください。実際にこの条件でゲームにチャレンジする人は、かなり少数です。

なぜならば、**人間は本能的に「損失を回避したい」という気持ちのほうが「何かを得られる」という気持ちよりも大きくなるからです。**これは、行動経済学でノーベル経済学賞を受賞したダニエル・カーネマンらの「プロスペクト理論」としても実証されています。

けれど、合理的に考えると、期待値はプラスになるので、チャレンジしたほうがトクです。

ちなみに、外国と比べて、日本人のほうがチャレンジしない割合が大きいそうです。国民的に「損失を回避したい」という傾向が強く表れるのです。

私は投資家として、日本に損したくない気持ちが必要以上に蔓延《まんえん》しすぎていることに対して、少し残念な気持ちがあります。だから、この本を手にとったみなさんには、ぜひチャレンジする戦略を選択していってほしいのです。

損するリスクを冷静に直視した上で、貯め込んだお金や、自由な自分の時間を、少しでも未来のために投じるのです。

これからの日本では、「希望を最大化する人たち」と「失望を最小化する人たち」、つまり**「動く人」と「動かない人」の格差が、さらに広がっていきます。**

ところが、前者の考え方を持つ人たちに対して、「イタい人」だとか「意識高い系」と揶揄《やゆ》する人も多いのが今の日本です。

「失望を最小化する人たち」は、嫉妬の感情が大きいため、自分の水準まで他人を引きずり下ろそうとしてくるでしょう。

嫉妬などの負のエネルギーは連鎖していくので、「チャレンジするのが怖い」「恥ずかしい」などと、社会全体の不活性化につながっていってしまうのです。

何もしないリスク

「希望を最大化する人になりましょう」

そうはいっても、安易に起業や株式投資をすすめたいわけではありません。

たとえば、今、勤めている会社に不満があったとして、会社を辞めて起業するか、このままサラリーマンをするか、という二択を考えてみましょう。

前者の起業を選択するほうが正しいかというと、そうではありません。成功するかどうかわからないまま動くのは明らかにリスクが高すぎますよね。

「リスクをとる」ということは、目を閉じてやみくもに飛び込むことではありません。

目を見開いて直視し、ちゃんと考えて決断をしてチャレンジすることです。

これからの時代、一生サラリーマンのままで過ごすこともハイリスクな決断です。

近年、会社や事業の寿命は短くなっています。会社に運命を預けっぱなしにすると、会社が潰れた途端に人生が詰んでしまいます。

なぜなら、同じ会社で働き続け、「その会社でしか通用しないスキル」しか身につけていないからです。そのスキルだけのままで年をとると、他の会社に再雇用される可能性は限りなく低くなります。再就職できたとしても、少なくとも前の会社と同じ給料は稼げないでしょう。

「動くリスク」がある一方、「何もしないリスク」が見えるかどうか。

先ほどの質問には、「サラリーマンとして働きながら、いつでも動けるように準備しておく」という中間に答えがあります。

リスクがゼロになるのを待つのではなく、リスクを下げる努力をしつつ、よきタイミングで挑戦をする。そういう賢い投資家的マインドを本書で手にしましょう。

投資家のように考えることができれば、リスクをコントロールして日々の行動を決めることができますし、自分の市場価値を念頭に置いて生きることができます。

マーケットの上下でも「ブレない軸」

私が投資家としてマーケットと向き合うとき、「私の気持ち」と「マーケットの動き」

は連動しにくいように訓練されています。

株式市場が暴騰したからといって楽観することはありませんし、逆に暴落したからといってイライラしたり周囲に八つ当たりしたりすることはあまりありません。

投資において求められるのは、相場が上昇してみんなが浮き足立っているときに売却し、みんなが怯《おび》えているときに買う冷静さです。

残念ながら私たちは、マーケットを上げたり下げたりすることはできません。

「市場をある程度予測し、市場のゆがみを発見し、本質的に成長する会社に投資をしていく」という基本的な動作をすることによって、市場と向き合うことだけができるのです。

だから、**根本的に投資家は「淡々《たんたん》とやる」ことが大事です**。

私はみなさんからお預かりした莫大なお金をマーケットで運用する立場ですから、完全に傍観者でいることはできず、むしろどちらかといえば「マーケットにどっぷりつかっている身」です。

その状況で客観性を失わないためには、**マーケットが上がろうと下がろうと、「自**

分の軸」を持ち、行動や生活リズムを変えないことです。

それでは、投資家はどんな軸を持って行動しているのか。それを本書で明らかにしていきます。

投資の本質を理解できているかどうかで、将来の結果が変わってくるのです。負のエネルギーに絡めとられずに、いきいきと働き、人生を楽しく生きていくには、自分の人生に「投資」の考え方を取り入れることです。あなた自身が、自分の人生の投資家になる方法をお伝えしていくのが、この本の狙いです。

まず、あなたに授けたいのは投資家の「思考」です。本書の前半では、「思考」を自分に落とし込むことが目的です。お金や時間、決断など、投資家みたいに考えるために必要な要素を解説します。

後半は、主に自己投資として「習慣」を変えていく方法です。すべての行動に「たった1つの質問」を加えるだけで、あなたの人生はガラリと変わっていきます。

それでは順番に説明していきましょう。

思考 1

「投資家の考え方」を授けよう

投資は「お金だけ」の話ではない

「投資」という言葉を聞いて、何を想像するでしょう。

「お金でお金を稼ぐなんて汚い」
「そんな余裕はないし、危ないからやりたくない」
「投資なんてマネーゲームやギャンブルだ」

そんなふうに思っていたのではないでしょうか。
ここで私がお伝えしたいのは、そもそも「株式投資やＦＸ取引をはじめよう」というお金の話ではありません。多くの人は、投資とは「お金でお金を稼ぐこと」だと考えています。しかし、それだけの意味ではないのです。

投資とは
エネルギーを投入して
未来からお返しを
いただく行為

私の考えでは、投資とは、「エネルギーを投入して未来からお返しをいただくこと」です。大事なことなので、上に大きく書いておきましょう。

本パートでは、**「投資」という言葉を、完全にアップデートしてもらいます。**まずはザッと簡単に説明していきましょう。

世の中には、たくさんのモノやサービスがあります。

「新しく商品を作りたい。でも、まとまったお金がない。アイデアや技術や人は揃っている。だから、うちの会社の権利を株式として買ってくれませんか。ちゃんとお返しはします」

そんな思いによって、新しい商品は世に誕生します。

今、あなたが働いている会社があるのも、今使っているモノやサービスがあるのも、**誰かが損をするリスクをとってくれたおかげで存在しています。**

そして目に見える商品に限らず、すべての世の中の活動は、誰かが過去にお金だけではなく時間、情熱、愛情などの「エネルギー」を投入したことで成り立っています。

たとえば、みなさん自身が今あるのも、家族や学校、地域社会、会社の先輩などが愛情や時間というエネルギーを注ぎ、熱心に指導をして教育をしてくれたからです。当然、損をするリスクもとってくれていたでしょう。

ゼロからイチを生み出すには、この「リスクをとる人」と「エネルギー」が必要なのです。

エネルギーを後輩や子どもに投入するのが、「教育投資」です。工場や店に投入するのが「設備投資」。会社を応援する資金に使うのが「株式投資」です。私がファンドマネジャーという仕事でやっているのはこれになります。

そのほか、寄付やボランティアに使ったら「社会投資」ですし、自分自身に使えば

「自己投資」となります。

投資家のように世の中を見渡すと、すべての物事には「エネルギー」のやりとりが存在していることがわかります。

投資がなければ「未来」が生まれない

投資にもいろいろ種類があり、お金だけの世界ではないということがイメージできたでしょうか。

誰かが過去にエネルギーを投入した結果、今の社会があるということは、逆に見ると、**未来の社会は、私たちが今、エネルギーを投入していかないと切り開いていくことができない**、ということなのです。私たちが投資する姿勢を失うと、世の中の成長が止まってしまいます。

ですから、「私が投資をしよう」と伝えているのは、必ずしも「お金をふやそう」ということではないのです。

「投資」という行為は、金銭的な損得のためではなく、「未来を切り開く」ことにおいて必要なのであって、「お金を得る」ことは投資のリターンの1つにすぎません。

投資の本質とは、「今、この瞬間にエネルギーを投入して、未来からお返しをいただくこと」だと先ほど定義しました。

そのことに気づけるかどうかは、人生の分かれ目だといっても過言ではありません。なぜなら、世の中で成功している人や圧倒的な成果を出している人は、この「投資の本質」を完全に理解しているからです。

日本の偉大な投資家

投資の本質を理解した人として、もっとも偉大な方を1人、紹介したいと思います。

私はよく「尊敬する投資家は誰ですか」と聞かれます。

アメリカの偉大なる投資家、ウォーレン・バフェット氏や、その師匠のベンジャミン・グレアム氏を尊敬しています。しかし、日本人の投資家にも、すごい人はいます。

それが、本多静六《ほんだせいろく》さんです。

本多さんは1866年生まれで、東大教授なども務めた明治・大正時代の造園技師です。超一流の造園技師であり、投資家でもあるというスーパーマンです。日比谷《ひびや》公園など、彼の造った公園は今でも名庭園として多くの人に愛されています。

彼は仕事のかたわら、**収入の4分の1を天引きで貯蓄し、それを株式に長期投資しました。**退官するまでに現在の価値で100億円を超す資産をつくったそうです。

ちょっと信じられないような話かもしれませんが、事実なのです。なぜ、彼はそんな偉業を成し遂げられたのでしょう。

投資の本質を語るとき、私は次の本多さんの言葉を引用します。

「人生は生ある限り、これすべて、向上への過程でなくてはならない。社会奉仕への努力でなくてはならない。もし老人のゆえをもって、安穏怠惰な生活を送ろうとするならば、それは取りも直さず人生の退歩を意味する」

本多さんの主張は一貫していて、努力と成長を尊んでいます。それも、自分のための努力だけでなく、利他的な努力です。まさに、真の投資家的な思考です。

社会的な成功の多くは、利己的な動機に基づくことがほとんどで、それはごく自然なことでしょう。ところが、**利他的な目標にすると、より大きな成功をもたらします。**私は、多くの成功した経営者や投資家を見てそう感じます。利他的な動機による努力のほうが、社会的な影響度が大きく、より大きなパワーを生み出すのです。

思考が変わると「今」が変わる

本多さんは、短期間で資産を築き上げたわけではありません。投資家的な思考のもとで、日々、コツコツと習慣的にできることを積み上げていったのです。

本多さんから学べることとして、投資家みたいに考えることができると具体的にどう変わっていくかをイメージしてみましょう。

たとえば、今、あなたはこの本を読んでいます。これだって立派な投資です。

同じ時間を与えられても、本を読んで新しいことを学ぶ人もいれば、なんとなくテレビをつけてぼーっと過ごす人もいます。スマホゲームに夢中であっというまに数時間を潰してしまう人だっています。

「時間」という見えない資産を、未来からリターンを得られるように使う。そういう発想ができるかどうか。**投資家みたいに考えることができれば、「今の行動」そのものが変わるのです。**

たとえ、テレビを見るのであっても、「ニュースを見て、自分なりの意見を持ってみよう」「経営者のドキュメント番組を見て、経営哲学を学ぼう」と、主体的に時間を使うことができます。

これらの行動はいずれも、エネルギーを投入しています。そのお返しとして、「知らなかった知識」や「新しい視野」などのリターンを受けることができます。お金と一緒で、時間もなんとなく使うと、なんとなく無くなっていくものなのです。

未来を切り開く「エネルギー」の中身

ここからは投資についての概念を、解像度を上げて1つ1つの要素に分解していきます。

投資の本質はエネルギーを投入することだといいましたが、その「エネルギー」とはなんでしょうか。

本書では、左のように定義します。

これまでの著書では8つの要素で考える方法を示しましたが、もう少し突っ込んだ内容として整理してみようと思います。

大きなポイントは「**掛け算になっていること**」です。

すべてが総動員されることでエネルギーが大きくなり、未来からのリターンが最大

エネルギー ＝

主体性（やりたいこと）
×
時間（平等に与えられたもの）
×
お金（過去・未来の缶詰）
×
決断（成功体験の積み重ね）
×
運（謙虚な気持ち）

化されるイメージです。

自分の中に「主体性」を持ち、「時間」と「お金」の使い方に自覚的になるのです。

さらに、人生の「決断」をする力を持ちつつ、「運」の存在とうまく付き合う。

そんな状態になることを目指してもらいます。

それでは、これら5つの要素を1つずつ説明しましょう。

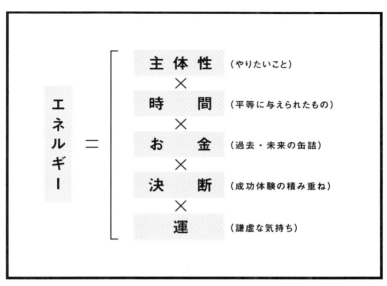

投資の要素 1

主体性（やりたいこと）

投資について語るとき、私はお金以外の話からはじめることがほとんどです。まずは「主体性」という概念の話からはじめましょう。

安定ばかりを求める時代が少し変わり、「好きなことをやろう」「やりたいことをやろう」というメッセージが当たり前のように飛び交う時代になりました。

とはいえ、画一的な日本の学校教育を終えた若者たちが、いきなり「個性」を求められたり、「好きなこと」を問われても、一部の人を除き、なかなかすぐには答えられないと思います。

社会に出て、自分でお金を稼ぎ、仕事に慣れ、少し落ち着いたくらいの頃に、あらためて「自分は何をすべきか」「何をやりたいのか」を考えることでしょう。

しかし、逆に、**日々の忙しさや降ってくる仕事などに流されてしまうと、そうやっ**

て自分の生き方を見つめ直すことを、やがてしなくなるのかもしれません。

そこで必要なのが、「主体性」を取り戻すということです。

とはいえ、先ほどのように「好きなことはなんだ」「個性はなんだ」と質問をしても、具体的にイメージできる人は少ないと思います。

10億円をあなたに差し上げます

簡単な思考実験があります。次の質問について考えてみてください。

Q
「もし突然、10億円をもらえることになったら、何をしますか？
できるだけ具体的に、どれだけのお金がかかるか計算しながら書き出しましょう。（ただし、「貯金する」は無しです）」

いかがでしょう。

この質問は、講演会や大学の授業、またフェイスブック上で、私は何度も世に投げかけてきました。

すると、「旅をしたい」「障がい者のための施設をつくりたい」「複合型の学生寮をつくりたい」「起業したい」などたくさんの意見が寄せられました。


10億円という金額は、とても絶妙な金額です。

サラリーマンの生涯賃金は約3億円と言われています。もし先ほどの質問が、「1億円がもらえたとしたら?」であれば、それだけでは一生食いつなぐことはできません。そうかといって「100億円がもらえたら?」だと、現実離れしすぎて想像を超えてしまいます。

10億円は、現実からかけ離れた数字ではなく、それでいて自分一人で贅沢するには持て余す金額です。

つまり、**10億円が手に入るということは、生活のために働くことから解放されたとき、あらためて「自分がどうしたいか」という問いかけになるのです。**

人は、お金を使うときに「本音」が出ます。

自分が買いたいものは、自分の「本音」に基づきます。

10億円を持ったときに、どう使いたいかというところには、自分でも意識していなかった絶妙な本音が出てくるのです。

仮にあなたが30歳だとして、80歳まで年間1000万円で暮らすとします。それでも総額5億円ですから、半分の5億円が残ります。すると、自分の夢のために使うかもしれませんし、家族や友人など、身近な相手を応援したくなる気持ちが湧いてくるかもしれません。

これが、まさに投資の考えに必要な要素の「主体性」の正体です。

それ、今すぐできるんじゃない？

私の元に寄せられた「10億円あったらやりたいこと」は、よく考えてみるとお金がなくても挑戦できることが多くあります。

会社を株式上場させた人や会社を売却した人など、数億円のお金を得た人たちが口を揃えて言うのは、「お金があるからといって幸せになることはない」ということです。

やりたいことを実行するための「思い」や、それに集まってくる「仲間」のほうが、お金よりよっぽど貴重だと言います。

人生でもっとも楽しいことは、信頼できる仲間と楽しい時間を過ごすことです。お金で得られる部分は、ほんの少ししかないのです。

お金を得たことで友達や恋人が得られるとしたら、それはあなたのお金を目当てにした人が増えたということかもしれません。

ということは、今、10億円を手にしていないあなたを大切にしてくれている友達、恋人、家族を大切にしなければいけないということでもあります。

仮に、10億円を手にしたときに、「誰と何をしようかな?」と考える思い。まさにその主体性が、投資家のように考えるときの第一歩であり、根っこにあるのは「やりたいこと」の思いです。

そして、あなたがやりたいことの多くは、お金がない状態でも、すぐにスタートできるはずです。

あるいは、「時間がない」ということを言い訳にする人もいるかもしれませんが、それも「主体的に何を優先するか」が大事です。

日々、食べていくことで大変な場合もあるかもしれませんが、生活のことばかりを追ってしまうと、人生は先細っていきます。

一度、頭の中で、目の前の生活のことを脇に置いてみるのです。

そうすれば、**自分がいろいろな言い訳でやっていなかった人生の目標や目的が見えてくるでしょう。**

先ほどの「10億円の思考実験」でじっくりと自分自身と対話してみて、「主体性」を養いましょう。まずは、そこからです。

投資の要素 2

時間（平等に与えられたもの）

投資のエネルギーの要素の1つ、「時間」は、誰にとっても「平等で有限」という特徴があります。「時は金なり」という言葉もあるくらい、時間は貴重なものです。だからこそ、日頃の使い方の意識が大切になってきます。

しかし、世の中はあまりにも「効率」や「時短」を重要視しすぎています。それについて、投資家的に警鐘を鳴らしたいと思います。

というのも、**投資家のように考えると、必ずしも効率性が重要ではないからです。**

私が企業に投資をするとき、必ず心がけていることがあります。それは、「時間が経つほど価値が上がるものに投資する」ということです。

短期的に見れば、相場は上下し、個別の企業は相場の影響を受けます。投資をしても、ギャンブル性が高まってしまいます。

しかし、長期的に見れば、株価は収益に収斂《しゅうれん》していくので、着々と利益を積み上げていく企業に投資をすれば大きなリターンが期待できます。

そのため、私は最低でも「5年間」は株を保有するつもりで判断します。そのように「時間を味方につける」という考え方が根底にあります。


また、私は成長する企業を見極めるためにも多くの「時間」を投じます。

たとえば、経営者と直接会うことに多くの時間を割きます。実際に会って話すと、その会社や業界のこと、地域のことなど、有益な情報をたくさん得られます。

最終的に、その会社に投資できなかったとしても、新たな投資アイデアにつながったり、ほかの投資相手が見つかることも多いです。


もし、効率を重視して目先の時間を惜しんだとしたらどうでしょう。メールだけ、電話だけでは、その会社の本質的な情報はつかめません。

目先で損をしているように思われても、回り回ってリターンが得られる可能性が信

じられる場合は、堂々と「時間」を割くべきなのです。

時間をかけることで「価値」が増す

かつて日本では、女の子が生まれると、庭に「桐の木」を植えたそうです。その子が成人して結婚するときに、その木を使ってタンスをつくり、嫁入り道具にしたと言われています。

女の子も桐の木も、数日や数年で成人したり成木になったりしません。家族が愛情を込めて苦労を乗り越えることで女の子が成人になるように、桐の木も手をかけ続けて成木になります。

子どもの成長に合わせて10年や20年をかけて大切に育てることで、最終的にタンスになる「資産」ができあがるのです。

このように、**時間をかけることで価値が増していく行為は、人間の営みすべてにもいえることです。**

「1万時間の法則」という言葉を聞いたことはあるでしょうか。

1万時間をかければ、どんな人でも、どんなことでも「かなりのレベル」に達するという法則です。

天才的な音楽家やスポーツ選手も、生まれてすぐに音楽やスポーツができたわけではありません。誰だって、まずは1万時間を投入してスキルを身につけることからはじめます。

これからの時代は、**1つの仕事だけで食べていくのではなく、リスクヘッジとしてまったく別のスキルを身につけることを考えたほうがいいでしょう。**

そうすると、1日5～6時間を5年間かけなくては、そのスキルはモノにならないということです。そう考えると、今の時間をダラダラ過ごして浪費してはいけないと思えるはずです。

投資家みたいに考えるということは、短期間で一発逆転を狙うのではなく、長期的に時間を味方につけていくことでもあるのです。

明らかな「ムダ」は削れ

また、誤解してほしくないのは、いくら時間をかけることが大事だといっても、「明らかにムダなこと」に時間をかけることは得策ではないということです。

やり方を変えたり、道具を替えたり、しくみ化したりすることで、もっとうまくできる方法があるのであれば、積極的にやるべきです。

スティーブン・R・コヴィー博士の著書『7つの習慣』（キングベアー出版）という名著の中に、次のようなエピソードがあります。

「木を倒そうとして、ノコギリを引いているキコリがいた。何時間も作業をしているので、『ノコギリの刃がボロボロですよ。少し休んで刃を研《と》いだほうが、仕事が早く片付くのでは？』と声をかけた。するとキコリは、『刃を研いでいる暇なんてない。切るだけで精一杯だ』と言い返した」

このように、**明らかに無思考なせいで非効率なことをしているのであれば、効率化**

をするための時間の使い方も取り入れるべきです。

逆に、人と会ったり、街歩きで情報を得たりするなど、見えないリターンを求めるときには、無理に効率を考えないほうがいいでしょう。

時間の「質」を考え、時間の価値を高めるために「刃を研ぐ」ことを意識しましょう。

また、同じようなことは、「知識」にも当てはまります。

知識は、今すぐに役に立つものばかりではありません。というより、もしかしたら、すぐに役に立つものは「ただの情報」であって、「知識」ではないのかもしれません。

時間が経ってから、「あのときに本で読んだのはこういうことだったのか」と思い返し、見える世界が大きく変わることがあります。

長い時間をかけて読んだ本は、自分の血肉になるのです。これも、長期的に時間を味方につけている好例でしょう。

明らかなムダを削る一方で、少しでも成長を期待できるものには長期的に時間をか

ける。その「二面性」を理解することで、投資家的な時間の考え方が身につきます。

「可処分時間」を見える化しよう

さて、1日はみな平等に24時間です。

平日の8時間は睡眠、8時間は労働時間だとして、残りの平日の8時間と休日の16時間は、「可処分時間」と呼ばれます。

一般的なサラリーマンだとしたら、1週間に「72時間」の可処分時間を持っていることになります。

ここでまたワークです。次の質問について考えてみてください。

Q

「先週の72時間は、何にどれだけの時間を使いましたか？
『残業 8時間』『家事 5時間』『読書 2時間』……
というように、具体的に書き出してみましょう」

いかがでしょうか。

また、できれば理想的な1週間の過ごし方として、それを「どう変えたいか」もセットで考えてみましょう。

「読書の時間をもう3時間は増やしたい」「土曜日の午前中をもっと有効に生かせないか」など、課題がハッキリすればOKです。


あるいは、先の未来を意識して質問を変えてみるのもよいでしょう。

この先の5年間で、1万時間をかけて習得したいスキルはなんでしょうか。

「少しでもピアノを弾けるようになりたい」「得意料理のレパートリーを増やしたい」など、未来の自分の姿を想像してみるのです。

前項の「10億円の思考実験」とリンクさせて、そこから逆算すれば、「今やるべきこと」が具体的にわかるはずです。

こうして時間の使い方を意識改革することで、「主体的に時間を投資する」という投資家的思考が身につくのです。

投資の要素3

お金（過去・未来の缶詰）

ここまで、投資の概念を広げてもらうために、あえて「お金以外の話」を強調してきました。しかし、もちろん「お金」も重要な要素の1つに違いありません。

では、そもそも「お金」とはなんでしょうか。

経済学上でお金の定義は、「交換の手段」「価値の保存」「価値の尺度」という3つの機能を持つものとされています。

お金が存在しなかった時代には、人々は物々交換をしていましたが、お金を介せばモノやサービスと交換ができます（交換の手段）。

将来のために貯めておくことができますし（価値の保存）、モノやサービスとの交換において目安となる物差しの役割も果たします（価値の尺度）。

こうした機能だけを見ると、お金はとても便利なツールです。

けれど、**私たちは、「お金が好きだ」「金儲けは嫌いだ」と、感情を抱くことがあります。**じつは、ここにこそお金の本質が隠されているのです。

私はよく、ペットボトルのお茶の話をします。コンビニで買ったお茶の「150円の行方」についてです。

何気なく支払った150円は、直接的にはコンビニの売上となります。しかし、その裏では、飲料メーカー、運送業者、倉庫会社、お茶の農家や農協、パッケージの印刷会社やデザイナー、お茶のCMの広告代理店やタレント事務所……、と無限に広がっていきます。

私たちが使ったお金は、誰かの給料になっているし、私たちが得る給料も誰かの使ったお金なのです。

こうして、すべてはつながっていることを、経済用語で「互恵関係」といいます。

お金そのものは無色透明な存在ですが、お金を通じて誰かを支え、お金によって誰かに支えられている。そのことを自覚すると、途端にお金がカラフルで明るいものに思えてくるはずです。

「お金が嫌い」になる理由

私は、お金はエネルギーを溜め込んだ「缶詰」であると考えています。

すると、2つの側面が見えてきます。

1つが、「過去の缶詰」です。その人が過去におこなってきた努力や働いた報酬、時間、あるいは家族から受け取る遺産など、過去の結果が詰まっているのです。

もう1つが、それを使うときの「未来の缶詰」という側面です。お金は自分のために使うだけでなく、使い方次第で他の人を幸せにすることもできます。**お金を使えるのは、いつだって未来に向けてだけなのです。**

さて、あなたのお金に対する思いは、「過去」と「未来」のどちらに重きが置かれていますか。

51ページの「10億円があったらどうするか」という質問と同様に、何か将来にやりたいことがあれば、お金は未来に向けられた「可能性」「選択肢」「自由」であると感じられることでしょう。すると、**お金に対して「好き」という感情が生まれやすくなります。**

逆に、「やりたいこと」がない場合、お金の「過去」の部分に思いはフォーカスされます。

そうすると、「お金は自分の評価をつけるものだ」「他人と比較されるものだ」と、ネガティブにとらえてしまい、お金のことが「嫌い」になってしまいます。

投資家のように考えるためには、お金のことをもっと知り、お金のことを好きになる必要があります。

その支払いに「自覚」はあるか

お金を知るといっても、難しい経済の知識は必要ありません。あなたとお金の関係を振り返っていただきたいと思います。ここでも1つのワークをやってもらいましょう。

さて、それでは質問です。

Q 「昨日、1日で使ったお金の金額と内容を答えられますか?
『朝のコーヒー代　100円』『ネットで買った書籍代　1500円』……
というように、1円単位で思い出しながら書き出してみましょう」

いかがでしょうか。

昨日という、ごく近い過去の話でも、意外と詳しく思い出せない人が多いのではないでしょうか。

家計のやりくりをきちんと記録している人や、自分で税務申告をしている自営業の人などでないと、ちゃんと買い物の内容や金額を覚えているのは難しいと思います。

それなりにお給料をもらっていて、自由に使えるお金がある人ほど、「覚えていない」と言います。

これはすなわち、**消費活動に無自覚な状態です**。

「お金を使う」という行為を未来に向けるためには、日頃から意識的にお金を使う必要があります。

ここでは、金額の多い少ないはあまり関係がありません。「あなたが何を考えて、どんな気持ちでお金を使ったか」が重要なのです。

何を買ったか、使った金額について覚えている人も、「どんな目的で買ったか」「そのときどんな気持ちだったか」までは答えられないかもしれません。

ですが、投資家のように生きる上では、そこに乗せる「自分の気持ち」が大切なのです。

なぜなら、**「なんとなく投資する」という行為は存在しえないからです**。「主体性」の話で述べたように、未来への期待や希望があって初めて投資は成り立つのです。

身近にひそむ「無自覚のワナ」

さて、私たちはなぜ、お金を使うことに無自覚になってしまうのでしょうか。

特に、消費の無自覚さに拍車をかける原因は、「コンビニ」の存在ではないかと私は思っています。

帰宅途中、吸い寄せられるようにふらりとコンビニに立ち寄って、特に欲しかったわけでもないけれど、なんとなく飲み物とお菓子を買って帰る。そんなコンビニでの買い物は、「欲しいものを買う」という純粋な消費であるよりは、ちょっとした寂しさや退屈さを紛らわすための「心の隙間」を埋める行動といえるかもしれません。そういうときの消費に関して、無自覚になるのもうなずけるでしょう。

また、全国あちこちにあるコンビニのATMも無自覚さの原因になります。

サラリーマンは、毎月の給料が安定して振り込まれます。決まった額を給料日に下ろしてやりくりすればいいのですが、便利なATMのおかげで、いつでもお金を下ろすことができます。それにより、**「財布が空になれば下ろせばいい」という習慣になり、日々の消費に無自覚になっていくのです。**

その結果、自分が何にいくら使っているかを思い出せなくなります。

投資家のように生きるには、そのマインドから抜け出さなくてはいけません。

お金に「力」を込める方法

まずは1ヶ月間、すべての買い物、すべての消費行動について、記録をとってみましょう。

以前までは、買い物のたびにレシートをもらって、それを後日まとめて集計する方法を勧めていましたが、今はもっと楽な方法があります。**「マネーフォワード」「ザイム」「マネーツリー」などの自動家計簿サービスを活用するのです。**

買い物の際にできるだけ現金を使わず、クレジットカードや電子マネーで支払うようにすれば、自動的に集計して家計簿の形にしてくれます。

最初にクレジットカードの口座などを紐づけるように登録しておくだけで、あとで振り返れば一目瞭然です。

集計してみると、きっと衝動買いの多さに気づくと思います。コンビニ以外にも、ネットショッピング、ネット課金など、軽い気持ちで消費していた行動が思い起こされるはずです。

買い物の内容が見える化できたら、次にやっていただきたい作業があります。それそれお金を使ったときの「気持ち」を書き出してみるのです。

お金を使うという行為は、経済行為であり、「応援」という側面もあります。果たして、どのくらいその自覚があったでしょうか。

自分がお金を使った商品に対して、どんなものなのかパッケージの情報をじっくり見たり、ネットで調べたりしたことがありますか。

スーパーの野菜や魚は産地を気にしてみたり、お店で食事したときは、店長や従業員の人と会話をしてみたり、**「消費＝応援」と考えてみると、あなたがお金を使う行為は「力」を持ちはじめます。**

ロングセラーだった商品が惜しまれつつ製造中止になるニュースが度々起こりますよね。

ニュースになった途端に、「寂しい」「残しておくべきだ」とファンたちが訴え、一部の人たちが商品を買い占めるなんてことが起こりますが、それは「**応援されなかったから消える**」のです。

製造中止が決まってからあわてて応援しはじめても、もう手遅れなのです。

生活のためだけに無自覚にお金を使うのは、いったんやめにしましょう。

少しずつで構いませんので、「応援する」という意識で財布からお金を取り出すようにしてみてください。

このレッスンは、面倒に感じるかもしれません。

しかし、**1ヶ月だけでも試してみると、その効果は絶大なことに気づくはずです。**

お金の使い方の1つ1つに意識が及ぶようになれば、まさに投資家の思考が身についている状態です。そう考えられるように意識改革をしましょう。

投資の要素4

決断（成功体験の積み重ね）

ここまで、「主体性」「時間」「お金」について説明してきました。

次に紹介するのが、「決断」です。

投資において、決断する力は不可欠です。たとえば、日本株に投資する投資家の場合、約3600社の上場企業の中からどの会社の株をどういう比率で持つかを決めます。10社を選んだとすると、残りの3590社は捨てることになります。

無限の可能性の中から1つの選択肢に絞り、残りの可能性を捨てる。これが決断するということです。

「自分には決断力がない」という人もいるでしょう。

そんな人は、大事なことも他人に決めてもらっているのかもしれません。つまり、決断しない決断をして責任やリスクを回避しているのです。

リスクが怖いから投資しないという決断は、リターンを得る機会を捨てることと同じです。新しいものにチャレンジしないという決断は、成長を諦めることと同じです。

「何を捨てるのか」「何を手放すことになるのか」をセットで考える必要があります。

捨てられない人は、決断できない人です。投資家は、「あの会社も、この会社もいい」と迷っているうちは、投資することができません。

自分の時間やお金を投じるときも、**あれこれやりたくて迷っているうちは、何もしていない状態です。**使い道を先送りするのは、お金をタンス預金にして死んだ状態にしているのと同じです。まずは、時間やお金を「何に使わないか」、つまり、「何を捨てるか」を考えるのが近道でしょう。

「好き嫌い」を再考せよ

それでは、どうすれば捨てることができるのでしょうか。

多くの人は、「４つの決断の軸」を無意識に使いこなしています。それが、「損得」「善悪」「美醜」「好き嫌い」の軸です。

得するほうを選ぶ、正しいほうを選ぶ、美しいほうを選ぶ、好きなほうを選ぶ。どの軸を優先するかは、その人の哲学や生き方、スタイルの問題も絡んでくるので、どれが間違いということはありません。他人に決めてもらうことも、それが悪いことだとは思いません。

しかし、ぜひ再認識してほしい軸があります。

それが、**「好き嫌い」の軸です。**

意外でしょうか。もしかしたら、投資家は「損得」で投資先を選んでいるイメージがあるかもしれません。

たしかに、私は過去、損得だけで決断をしていた時期がありました。しかし、そのことで大失敗をしたのです。

これは、ある会社に投資したときの話です。

その会社の社長と話をしたとき、私は直感で「相性が合わないな」と感じました。

社長室も過度に豪華で、自己顕示欲や自己保身が強いのです。

好きか嫌いかでいうと、はっきりと「嫌いだ」と答えたでしょう。

しかし、売上と利益が大きかったので、投資する決断をしました。

すると、その後、株価は転がり落ちるように下がり、結果的には損をしてしまいました。

私は、損をしたことよりも、目の前の儲けに心を奪われて「好き嫌い」の軸を揺るがせてしまったことを後悔しました。

それ以降、原則として「嫌いな会社には投資しない」「自分の考えに合わない会社には投資しない」「相性が合わない社長の会社には投資しない」と決めました。

「好き嫌いで選ぶなんてけしからん」と思う人もいるかもしれません。

けれど、考えてみてください。**私たちの消費行動は、「好き嫌い」で決まることがほとんどです。**

家を選ぶときも、スマホを買い換えるときも、レストランで食事をするときも、他人の判断を参考にすることはあっても、最終的には好き嫌いで選んでいることが多いのではないでしょうか。一方で、「好き嫌いで判断してはいけない」と思い込んでいることもあるはずです。

好き嫌いで選ぶことで、もし、よい結果が得られたなら、それは小さな「成功体験」となります。

小さな成功体験は、積み重なることで、その人独自のセンスとなります。

今、デザインや美意識という概念がビジネス界で再評価されてきています。これは、論理のように言葉で説明できる領域を超えた判断軸を個人が持ったほうがよいということでしょう。

損得の合理性は、突き詰めると人工知能（ＡＩ）と同じ思考になります。しかし、人間は損得だけでは拭い去れない感情があります。

つまり、**「もっと感覚的に好き嫌いで判断してもよい」という時代の流れがあるのだと思います。**「好き嫌い」は、逆に合理的で高度な決断軸なのです。

最後の最後は「気持ち」

投資の世界は、決断の連続です。私たちは、お客さまから預かったお金をいろいろな会社に投資して、「買う」「売る」「持ち続ける」という決断を毎日しています。未来を完璧に予測することなんてできない状況で、つねにお金を失うリスクを抱えて生きています。

じゃあ、どうやって最後は決断しているのか、誰しもが気になると思います。

それは、簡単です。

「エイヤ！」と気持ちを込めて、力を入れて、腹をくくって、勢いよく決めているのです。

投資先は論理的に理路整然と決めているかと思っているかもしれません。たしかに、数字でわかるリスクは最小にします。

しかし、最後の最後は、やはり気持ちなのです。

「エイヤ！」の中には私なりの哲学があります。その根本にあるのが、先ほど説明した「好き嫌い」の軸であり、相手を信じられるかどうか、相性がよいか、という感覚的な判断なのです。

相性とは、論理ではありません。気持ちです。

好き嫌いの判断を繰り返しながら試行錯誤するのです。

直感で「なんとなく合わない」と感じる、その精度を高めましょう。

「やった後悔」ってするの?

さて、ここでまたワークです。

Q 「これまでの人生を振り返り、『好き嫌い』で判断した決断を振り返ってみてください。進路、就職、恋愛などの『大きな決断』から、買い物や趣味のような『小さな決断』まで、思い出せる限り書き出しましょう」

いかがでしょうか。

そして、そのあとに考えてほしいのは、その決断のあとに「後悔」があるかどうかです。

ハッキリと「好きだ」という思いが紐づいた決断には、後悔のようなネガティブな気持ちは少ないのではないでしょうか。

そのことに1つでも気づけば、きっと、「決断」へのハードルはぐっと下がるはずです。決断のハードルが下がれば、リスクをとる行動も前向きにとらえることができるでしょう。

そんな体験を、あなたなりに少しずつ積み重ねていってほしいのです。

もし、決断のあとに失敗をしたとしても、ちゃんと反省をして検証をすれば、成長につながるものです。

投資の要素5

運（謙虚な気持ち）

最後の要素は、「運」です。

スピリチュアルな概念ともとられがちなので、敬遠する人もいるかもしれませんが、運の要素を入れたのにはワケがあります。

まずは、こんな実験を紹介しましょう。

イギリスの心理学者、リチャード・ワイズマンによる研究で、「自分は運が良い」と感じている50人と「自分はついていない」と感じている50人を比べた実験です。

2つのグループに、それぞれコイン投げテストをしました。結果は、どちらも表を出す確率は同じでした。

次に、新聞を渡して、制限時間内に新聞の中の写真の数をかぞえるテストをしました。すると、ついていないと思っているグループは全員が不正解だったのにもかかわらず、運が良いグループの人たちは5秒ほどで正解にたどり着いたのです。

なぜ、このような結果になったのか。

実は、新聞を開いたところの見出しに、「数えるのをやめてください。この新聞には43枚の写真があります」と答えが書かれていたのです。

ついていないと思っている人たちは、言われたとおりに夢中で写真を探していたため、その答えが見えなかったのです。

一方で、**運が良いと思っている人たちは、視野が広く、チャンスを見つけることができたのです**。つまり、ちょっとした意識の差があったかなかったかだけなのです。チャンスは確率的に誰にも平等にやってきています。

そして、「きっとチャンスがある」「うまくいくはずだ」とポジティブに思っている人は、無意識にチャンスを手繰り寄せることができるのです。

パナソニックの創業者、松下《まつした》幸《こう》之助《のすけ》さんは、採用面接で「あなたは運が良いほう？それとも悪いほう？」と聞いていたそうです。運が良いと思っている人のほうが成果を出す確率が高いことを、経験的に知っていたのでしょう。

「待つこと」ができるか？

私は投資信託の運用者ですが、まさに「運」を「用いる」と書くように、運の要素が強い仕事です。「じゃあ、藤野さんは運がいいんですね」と言われることがありますが、決して自分のことを特別に運がいいほうだとは思っていません。

ただ、成功したときは、「所詮は運だから」と思うようにしています。たまたま良い目が出た可能性があるので、自分の実力だと言って傲慢《ごうまん》になったり、油断したりしないためです。

一方で、ダメだったとしても、もちろん適切には反省しますが、「所詮は運だから」と落ち込みすぎないように、やるべきことをやるように頭を切り替えます。

最善を尽くしたからって成功できるわけではない、運用は厳しい世界です。**最終的には運が支配していることを理解しつつ、淡々と努力をし続ける必要があります。**

私の家のリビングには、「運」という字の書が飾ってあります。

良いことがあっても所詮運だと思っておごらないこと、悪いことがあっても所詮運だからと思って腐らずにいること。成功しやすい習慣や方法をよく研究し、淡々とバットを振り続ける（回数を増やす）ということが大切なのではないかと考えています。長い間では成功も失敗もありながら、成功の数が失敗を上回れば、なんとか生きていけます。

そんなことを毎朝、毎晩、思い返せるように、「運」という字を飾っているのです。

投資の世界では、自分が信じた企業を長く「待つ」必要があります。

しかし、**今の時代は、スマホやネットの影響で待つことが難しくなっています**。良いか悪いかを短期的に判断してしまい、情報に振り回される人がたくさんいます。

そんな時代だからこそ、待つことを再評価したいものです。

「人事を尽くして天命を待つ」という言葉があります。

うまくいくだろうと思っていても失敗することがありますし、ダメだと思っていてもうまくいくことがあります。

「一生懸命やったのに、ダメじゃないか」と、失望感を抱かないためにも、「運」に対する考えは必要です。なぜなら、失敗したあとのリカバリーが利くからです。

また、成功した経営者は、「運が良かった」という口グセの人が多いです。たくさんの経営者をインタビューしてきましたが、長く成功する人は謙虚な人ばかりです。逆に、「成功したのは自分の実力だ」と、傲慢に考える経営者ほど、その成功は長続きしません。

うまくいっているときは、すべてが自分の実力なのではなく、さまざまな要素が絡み合っていることがほとんどです。**その状況を客観視できていると、おのずと「運が良い」という言葉が口をついて出てくるのです。**

さて、ここまで、あなたが投資家のように考えられる人になるために、投資の要素となる5つの要素の話をしてきました。

自分の中に「主体性」を養い、「時間」と「お金」の使い方に自覚的になり、「運」の流れに身を任せながら人生の「決断」をする。投資家が当たり前に意識している「エネルギー」の中身を、詳細に言語化してみました。

未来から得られる「お返し」の中身

5つのエネルギーを投入することで得られる、「未来からのお返し」とは、一体何なのでしょう。また、リスクをとった行動をすることで、どんなリターンが得られるのでしょう。

それを明らかにする前に、1つ、重要な概念を説明します。それが、「資産」です。

さて、あなたはどれだけの資産を持っているでしょうか。

「1000万円の貯金があります」

「実家が自分のものになる予定です」

「A社の株式を100株持っています」

資産といわれると、そのような答えが返ってきそうですね。しかし、**資産というのは、お金や土地、株式などのように目に見えるものばかりではありません。**

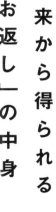

「見えない資産」が見えるか？

投資の世界には、「インタンジブルアセット」（目に見えない資産）という言葉があります。1つの企業を見たとき、工場や資金などの財務諸表上に表れる資産だけでなく、「目に見えない資産」の力が株価に影響することがあります。

たとえば、企業の経営者にカリスマ性があり、その発言に信頼感がある場合、実際の企業の市場価値よりも大きな資金を集めることができます。

私たち個人においても、見えない資産があります。

仕事で身につけた「スキル」、毎日働き続けるための「健康的な体」、新たな仕事を取ってくるための「幅広い人間関係」などです。そして、それらの目に見えない資産によって「お金」を生み出しているという見方だってできます。あるいは、それらの資産によって仕事の生産性が高まり、労働時間が短くなり、「時間」（可処分時間）を生み出すという側面もあります。

お金や時間を見えない資産に再投資することで、さらに大きなリターンを得る。そ

未来からのお返し ＝

目に見える資産
（お金・プロダクト）

目に見えない資産
（スキル・健康・人間関係）

明るい未来
（利他の気持ち）

うして個人は、雪だるま式に成長することができるのです。

「資産」という概念を広げて理解し、自分の中に蓄えていく姿勢が大事なポイントです。というのも、ここまで説明してきた投資のエネルギーの話は、あなたの資産を増やす力を持っているからです。

それこそが、本パートで解説をする「未来からのお返し」です。41ページの「エネルギーを投入して未来からお返しをもらう」の〝未来からのお返し〟について、本書では上のように定義します。それでは順番に説明していきましょう。

リターン1

目に見える資産（お金・プロダクト）

ファンドマネジャーは、個人投資家や機関投資家から預かったお金を「成長する企業」に投資し、リターンとして利益（お金）を得ています。

しかし、リターンとしてお金を受け取るのは、投資家だけに限りません。一般的なサラリーマンであっても、見方を変えると、**自分の時間や労力を会社に投入することで、お返しとして「給料（お金）」を受け取っています。**

また、人だけでなく企業も同じです。企業に向けて投資家やサラリーマンがお金や時間を投資することで、商品やサービスなどの「プロダクト」を生み出しています。

このように、人や企業に投資をおこなうことでわかりやすく返ってくるのは、お金やプロダクトなどの「目に見える資産」です。

短期的に見ると、お金やプロダクトが得られるから、私たちはエネルギーを投入しています。日常における消費活動も、お金を使うことでモノやサービスを手に入れる行為ですからね。

お金を得る、家や車を買う、飲食店でサービスを受ける……。これらの「目に見えるもの」を受け取ることは生きる上で必要なことです。

しかし、ここで大事なのは、**「目に見えるものばかりを追い求めると、人生は空虚《くうきょ》なものになる」**ということです。

「社畜生活」が待っているかもしれない

たとえば、サラリーマンの場合を考えてみましょう。

サラリーマンは、平日の8時間という「時間」を会社に投じることで、毎月の給与である「お金」を得ています。そのお金は、家賃あるいは家のローン、食料、衣服などの「プロダクト」に消費され、残ったお金は定年以降の生活のために「貯金」に回されます。

これが一般的なサラリーマンの生活だと思います。

もし、それだけに終始してしまうと、とても味気ない人生に陥るかもしれません。

「頑張ったってどうせ給料は増えない」

「食事はすべて安いチェーン店だけで済ませよう」

というように、どんどん消極的な思考・行動に変わっていくからです。

その考えの行き着く先は、本書の冒頭で述べた「失望を最小化する人たち」であり、**サラリーマンであれば「社畜」と呼ばれる人たちです。**

エネルギーの項目で述べた「主体性」（やりたいこと）や「決断」（成功体験の積み重ね）が欠如すると、そのような一生で終わってしまいます。

もちろん、「目に見える資産」は生活に必要です。しかし、それだけで十分なわけではありません。そこで、「目に見えない資産」の重要性が出てくるのです。

リターン2
目に見えない資産（スキル・健康・人間関係）

時間やお金を主体的に「見えないもの」に使う例として、とてもわかりやすいものがあります。

それは、教育です。受験勉強や資格の勉強に時間やお金を投じることで、学歴や資格、語学などの「スキル」が得られますよね。

私たちは、小中学校で基礎的な学力を身につけ、さらに高校や大学、専門学校などで専門的な分野を学び、社会に出る人がほとんどです。

つまり、22歳くらいまでが「学ぶ期間」で、そこから60歳くらいまでが「働く期間」に分かれます。

工業化社会だった昭和の時代であれば、この2つは明確に切り分けられました。

終身雇用を期待して1つの会社に特化した能力さえ身につければ、60歳の定年まで、安定した生活が送れました。

しかし、これからはそうはいきません。

令和の時代になり、経団連の中西宏明《なかにしひろあき》会長やトヨタ自動車の豊田章男《とよだあきお》社長など、経済界の重鎮が相次いで終身雇用の見直しについて言及するようになりました。**各産業は成長スピードが速くなり、仕事に必要なスキルは日進月歩で変わり続けます。**

その一方で、人間の寿命は延びていき、人生100年時代が叫ばれています。

『ライフ・シフト』（東洋経済新報社）がベストセラーになりましたが、そこで書かれている大きなメッセージは、「目に見えない資産を意識して増やしていくこと」でした。

「自己投資」をするしかない

前項のサラリーマンの例も、「見えない資産」にフォーカスを当てて積極的に投資をすることで、社畜人生を脱することができます。

「ただ毎日働くだけではなく、転職の可能性や起業の道を探ったり、他の業界でも通用するスキルを磨いておく」
「健康に気をつけて食事を見直し、運動もして、60歳以降も長く働けるように自己管理をする」
「自分の時間で他業界の知り合いや外国人などと交友関係を築き、会社以外の人間関係を構築しておく」

このように、投資の概念を自分に取り入れると、人生は大きく変わります。というより、**個人が戦略的に生きていかないと、生き残れない時代に突入するのです。**

個人の「見えない資産」への投資は、一般的に「自己投資」と呼ばれます。自己投資をすることで、リスクの大きい社畜生活から抜け出すことができるのです。

あなたの「市場価値」を高めよ

世の中は、貴重なものほど価値が生まれます。一般的にモノやサービスには「市場価値」が存在します。そして、あなた自身にも市場価値があります。

他人とは違う経歴があったり、自分にしかできない能力を持ったりすることで、「**替えの利かない人**」になることができます。

「目に見えない資産」の特徴は、その人自身に紐づいていて、他の資産と交換ができないということです。

たとえば、英語のスキルをプログラミングのスキルに替えることはできません。現金は人にとられますが、知識は人からとられません。そうした資産を個人の中に溜め込んでいく必要があるのです。

さて、あなたは今、どれだけの「見えない資産」を持っているでしょうか。**名刺から会社名を取ったときに、あなた個人の力でどれだけのお金を稼ぐことができるでしょうか。**

そう考えると、あなたの「評判」だって資産です。

もしかしたら、今の会社で頑張って成果をあげても、毎月の給料はあまり上がらないかもしれません。しかし、そんなときこそ「投資の考え方」です。

短期的な給料を見るのではなく、長期的に稼げる力をつける。そのように「見えない資産」を意識するようにしましょう。

リターン3

明るい未来（利他の気持ち）

「見える資産」と「見えない資産」。この2つのリターンで、みなさん個人としてはこれからの時代を生き抜くことができるだろうと思います。

会社が潰れても生きていくスキルが身につけば食べていけるでしょうし、健康に暮らすこともできるでしょう。お金持ちになることだってできるかもしれません。

ですが、投資が持つ力は、もっと大きいのです。投資家である私は、もう1つのリターンについて、いつも考えています。

私が投資する本当の目的。それは、「世の中を良くして明るい未来をつくること」です。

一見、きれいごとに聞こえるかもしれません。しかし、突き詰めてみれば、すごく現実的な話でもあります。

なぜなら、**世の中全体が暗かったら、自分自身もよりよい人生を送れないからです。**

つまり、最大のお返しは「世の中が明るくなること」なのです。

「長い目で見る」ということ

ファンドマネジャーとしての私が投資をするのは、長期的に成長する見込みのある会社です。短期的な目線の会社には原則として投資しません。

目先の利益に目がくらみ、株主や従業員、お客さんを軽視した不真面目な会社が、短期的に株価が上昇することがあります。

しかし、株式市場は限りなくフェアな世界であり、長期的に見れば、そういう会社はやがて凋落《ちょうらく》していきます。

資本主義の社会では、正しい方法でお客さんや世間からの信用を得られない限り、長期的に利益を上げ続けていくことは不可能なのです。**真面目に世の中のために努力している会社しか成長し続けられないようになっています。**

お客さんのことをきちんと考えていて、社員のことも愛している。そういう利他の心がある人たちに投資をして、日本の将来に賭けてみる。それによって明るい社会をつくっていく循環が生まれます。

それが私の考えている株式投資というものです。

これは、株式投資においての話だけではありません。個人の生き方についても、同じことが言えるはずです。

自分自身が明るい社会をつくる存在になるために、真面目に生き、自分に投資して、成長を手に入れる。これに勝るリターンなどないのだと思うのです。

自分と社会の「一体感」

真の意味で「投資家みたいに生きる」ためには、このように「世の中をよくする」というリターンをいつも意識することが大切です。

ただ、日本人にはどうもその考え方が苦手なようです。なぜでしょうか。

日本人は、根本的には個人主義だからです。

自分さえ得すればいい。自分の家族だけ安心ならいい。自分の会社だけ儲かればいい。自分の地域だけ安全ならいい。自分の国だけうまくいけばいい……。

こうしたマインドは個人だけに限りません。組織だって、いつの間にか、この「自分たちだけ」の考え方に陥りがちです。

そのことは、日本人が「寄付をしない」国民だということにも表れています。

日本人の寄付の金額は、年間で1人当たり約2500円。一方、アメリカ人の年間平均は、13万円です。毎月1万円以上寄付していることになります。

公共経済学では、世界的に見ても「日本人は公共心がない」というのが通説のようです。経済は互恵関係ですから、寄付も投資もしないということは、社会に貢献する意識が薄いと評価されても仕方ありません。

以前、あるお坊さんから聞いたお話で、大きな気づきがありました。

それは、仏教の「一如《いちにょ》」という言葉です。一如とは、宇宙のすべての大もとは一緒という原則です。人間は社会的な動物であり、周囲の存在と切っても切れない関係にあります。英語では「oneness」という言葉が近いでしょう。

ところが、日本人は欧米に比べて信仰心が弱いので、この一如の意識が希薄化してしまっているのではないかといいます。たしかに、日本人が投資や寄付をあまりやりたがらないのも、自分と社会との一体感がなく、「自分の財布は自分のものだ」と考えているからではないでしょうか。

仮に1万円を寄付するとします。

すると、手元からは「1万円札」がなくなります。喪失感があるかもしれませんけれど、**もし寄付先との間に共有感があって、心理的につながっているのであれば、1万円は移動しただけで、「減っていない」ととらえることもできるはずです。**

自分も他人もすべて一緒であり、何事も世の中のためになると思えば、投資も寄付も快くできるはずです。

「利他的な思い」の力

最後に、44ページで紹介した本多静六さんを思い出してください。本多さんの遺した言葉で、最も私が好きなのがこちらです。

「人生最高の幸福は、社会生活における愛の奉仕によってのみ生じる。わかりやすく

言えば、他人のために働くことだ」

愛の奉仕、利他の気持ちを持つことそのものが幸せなことであり、それは本多さんにとっては投資のリターンだと言えるものだったのかもしれません。

結果的に、そのことがさらに周囲の人からの信頼を呼び、大きな成功につながったのでしょう。

ちなみに本多さんは、人生の最期でその資産のほとんどを寄付に回してから亡くなられました。あまりに粋すぎる生き様です。

戦後、日本が焼け野原になったときに、本多さんの本はベストセラーになり、多くの人が「本多静六ウェイ」を実践したといわれています。せっかくこのようなすごい投資家がいるのに、現代の日本で広く知られていないのが残念でなりません。

私たちもいつからでも彼のような利他的な生き方を目指せることを、ぜひ知っておいてほしいと思います。

「浪費」思考とは何か

投資家のように考えるために、「エネルギー」と「未来からのお返し」の中身について、ここまで説明してきました。

その考え方とは真逆になる概念。それが、「浪費」です。

浪費と聞くと、ムダなものにお金を使うことだと思うかもしれません。しかし、投資と同じでお金の話に限りません。何度も言うように、ダラダラと時間を潰すのも浪費ですし、他人に指示された業務だけを無思考にこなしている働き方も浪費です。

つまり、**エネルギーの話で述べた「主体性」「決断」「運」などが欠けた行動は、すべて浪費だと考えるべきなのです。**69ページで「コンビニにおける無自覚な買い物は心の隙間を埋める行為だ」と述べましたが、まさにこれが浪費的な行動の代表例です。

それと同様に、電車に乗った瞬間にスマホをいじりはじめるような習慣も、「なんとなく寂しい」というのが理由ではないでしょうか。

「孤独」を埋める商品

私たち人間には、孤独を埋めるために商品やサービスに思わずお金や時間を使ってしまう「弱さ」があります。浪費的な行動の裏には、人間的な弱さが隠れているのです。それに打ち勝つためには、「浪費にはリターンが生まれないこと」をちゃんと理解し、投資の要素を意識することが必要です。

たとえば、**なんとなくお金を使ってしまいそうなとき、「これは孤独を埋めようとしているだけなのかな」と思い返してみてください。**

たったそれだけでも、無意識のうちにしていた浪費行動は減ることでしょう。

じつは、私が扱っている投資信託という金融商品にも、「孤独を埋める商品」という側面があります。60代、70代以上のシニア層は、単身世帯か二人世帯の人たちが多いです。

お金はたくさんあるけれど、話し相手がいないような生活をしている。そんな生活の中で、大銀行や大証券会社の若い営業の人が来ると、つい話し相手になって商品を買ってしまうのです。

彼らの売り物は金融商品そのものではなく、孤独を埋めることなのです。

だから、高齢者の孤独スイッチを押してあげれば、すんなりと契約に結びついてしまいます。

これは、誰も大きな声では言いませんが、業界内では通説になっています。

しかし、本来の意味において、正しい投資信託の売り方ではありません。私自身、そのことをつねに意識しています。

一時的に孤独が埋められても、欲望と同じで、その効果は長続きしません。**心の隙間を埋め続けなくてはならず、孤独を埋める商品があふれ、ますます人は寂しさを感じる。**そんなスパイラルは、目指すべき社会の方向性として正しいのでしょうか。

真の投資家的な思考では、「未来思考」で「長期的な得」を考えるべきです。目先の不安を煽《あお》って金儲けをすることではないのです。

「あえてやる」のはアリ

とはいえ、人生において、ある程度の浪費は必要です。24時間365日ずっとエネルギーを投入し続けるのは、現実的に無理ですし、疲れ切ってしまいますよね。

ここで大事なのは、**「浪費は浪費だ」とわかった上でやることです。**

「月に一度はコンビニで好きなものを買おう」「先月は大きな仕事を終えたから、今週の土日はダラダラすごそう」というように、浪費は「特別なこと」であると自覚してみてください。

そうすることで、浪費がクセになることなく、メリハリをつけて投資家的な思考にいつでも戻ることができます。貴重な自分のお金や自分の時間、そして自分の人生を知らない間に浪費してしまわないよう、意識して2つの考えを使い分けてください。

さて、「投資家の思考」の前半パートは終わりですが、具体的な習慣の話に入る前に、もう少し、「思考」について話をしておきましょう。

思考2

それでもあなたを「動かさないもの」の正体

あなたを動かさない「思考のクセ」

前回のパートで、「投資家みたいに考える方法」を説明してきました。1つの思考法として理解してもらえたと思います。

しかし、それだけでは不十分です。なぜなら、私たちには、親の教えや学校教育など、これまでの環境による「思考のクセ（バイアス）」が根深くあるからです。

1冊の本が人生を変えることがありますが、**「面白かったな」と本を閉じた瞬間にいつもどおりの日常に戻る人もたくさんいます。**確実に投資家の考え方を身につけるために、あなたのバイアスを言語化して1つ1つアップデートする必要があります。

バイアスとは、思い込みのことです。

「投資をしましょう」

この言葉を聞いたとき、あなたは最初、「怪しさ」を感じたのではないでしょうか。

それもそのはず、多くの日本人は「投資」と聞くと、「うまい儲け話」を連想してしまいます。

お金をつぎ込み、ラッキーだったら大儲け、当たらなかったら大損。そんなリスクたっぷりのお金儲けのイメージです。

「お金でお金を増やすなんて汚い！」と怒り出す人もいるから驚きです。

ただ、そう言っておきながらも、宝くじを買って一攫千金《いっかくせんきん》を望むような国民性もあるのでわからないものです。

前回のパートを確実に落とし込むためにも、**思考のクセを取り除きましょう。**

私はこれまでたくさんの講演会や勉強会、セミナーを通して個人投資家たちと話してきたり、明治大学の教壇に立って学生と直接対話をしてきました。

本パートでは、そうして見えてきた「3つのバイアス」について解説していきます。

投資家的に生きるために、自分自身の思考のクセを直視してみてください。

バイアス1

「リスクはゼロになる」という思い込み

まずは、本書の「プロローグ」でも少し触れた「リスク」についてです。

おさらいをしておくと、リスクとは、「不確実性」です。

たとえば、1000円で買った株式が、1500円の価値になる場合もあれば、500円に下がる可能性もある場合、これは「リスクがある」と言えます。

株式投資に限らず、すべての物事に、リスクは付きまといます。

「安全な場所に暮らしたい」「安定した会社に就職したい」と、誰もがそう考えます。

しかし、地震の可能性がある日本列島では、どこに暮らしていてもリスクはあります。銀行が潰れてもおかしくない時代です。絶対に潰れない会社なんて存在しません。

つまり、**リスクは絶対に「ゼロ」にはできないのです。**

しかし、「リスクゼロはありえる」という思い込みがあります。それと向き合わなければ、いつまでたっても動けません。

それでは、投資家は全員、リスクを適切にとっているのでしょうか。実は、そうではありません。その話からしていきましょう。

リスクをとらない投資家たち

多くの投資会社は、「ベンチマーク運用」という方式で運用をしています。ベンチマークとは、投資信託などが運用の指標としている基準のことです。たとえば、日本株式に投資する投資信託であれば、「東証株価指数（ＴＯＰＩＸ）」や「日経平均株価」などの指数です。

そのベンチマークとの乖離《かいり》をなるべく小さくするのが、ベンチマーク運用です。乖離しないことを重視するということは、もし日本株式のファンドであれば、組み入れ上位銘柄がトヨタ自動車やＪＴなど、超有名な大企業の株ばかりになります。たしかに、大企業は明日や明後日に潰れることはないでしょう。リスクゼロのように見えますし、大企業に投資しておけば安心な気がします。

そして、多くの投資会社がベンチマーク運用をしているのには理由があります。それは、運用会社が「サラリーマン企業」だからです。

大手の資産運用会社の担当者はサラリーマンです。これは、会社員という雇用形態の話ではなく、「サラリーマン気質」というマインドの話です。

サラリーマン気質とは、本書の冒頭でも述べたように、「失敗しないこと」「責任をとらないこと」を軸に考える「失望を最小化する人たち」のことです。

ベンチマーク運用というのは、もし運用成績が悪くても、「東証株価指数と同じ動きだから仕方ありません」という言い訳ができます。**お客さんに怒られないかどうかで運用しているとしたら、それは本当の投資家とは呼べません。**

それに、むしろ運用会社の幹部のほうがベンチマークからの乖離をしないような運用を推奨しているのです。ベンチマークとの乖離のことを「トラッキングエラー」と呼ぶのですが、一般的なサラリーマン運用者は、トラッキングエラーの値が大きいと、評価を下げられてしまうそうです。

せいぜい3~5%の乖離しか許されず、だから指数に影響の大きい大型株にばかり投資する。評価体系がそんな状況であれば、ベンチマークを上回る成績を出すことよりも、トラッキングエラーを出さない運用に徹するようになってしまいます。

ベンチマークが優れている場合はそれでもよいのですが、優れていないベンチマークの場合は、不幸な結果になります。**東証株価指数上位の企業だからといって、よい企業があるわけではありません。**むしろ、ここ10年ほどのリターンは、東証株価指数上位の企業が足を引っぱっている状態です。

サラリーマンの投資家であっても、お客さんのお金を増やすことを優先して考え、企業の規模やブランドではなく、「成長する企業」を自分の頭で考えて探し、投資するのであれば、企業は成長し、投資家も潤い、経済全体が活性化します。それは真の意味で投資だと言えます。

必ずしもプロの投資家が全員、リスクを適正にとった投資家的な考え方をしているわけではないのです。

根深い「大企業」信仰

ちなみに、私が運用するファンドには、マイナーな会社の株がたくさん含まれています。私はビジネスとして成長株に投資しているのですが、それは理想論ではなく現実的に投資効果をあげるためにはそれしか方法がないと思っているからです。

「大企業に投資することでリスクがゼロになる」という考え方は間違っていて、本来は、**「これから伸びるであろう企業の成長を信じることが最も安全でリスクが低い」**と考えるべきなのです。

誰しも知っている大企業であっても、社内事情で新商品がつくられて、まったくお客さんのことを考えていなければ、やがて経営危機がおとずれてリストラの嵐が巻き起こります。

それは、シャープの経営不振の例を見れば明らかですよね。

地方の無名企業であっても、成長するところにいればそこにいる会社員は成長します。東京の大企業でも、成長しない場であれば会社員の成長も止まります。

企業の「部品」になっている？

日系の大企業にも、もちろんよさがあります。部署が細分化されているので仕事を覚えやすく、研修制度も整っているので新入社員にとってはよい環境が揃っています。とはいえ、大企業の文化にどっぷり浸かりながら過ごしていると、外資系企業やベンチャー企業で働いている人たちと比べて、「他社では使えない人材」になってしまう可能性が高くなってきました。

大企業のデメリットは何かというと、「**全体が見えない**」という点です。会社全体がどのように活動しているのかがわからず、その中で自分が何をやっているのかは「機能」でしか測れないのです。

もう少し詳しく説明しましょう。

ビジネスをひとことで説明すると、次のような流れになっています。

「新しい商品やサービスを創造し、それを下請け業者や仕入先とともに開発・製造をし、それを自社や販売パートナーと商品・サービスを顧客に届けて、お客さんに満足していただくメンテナンスや製造をおこない、資金を回収し、それを社員や株主、債権者に配分していく……」

この一貫した流れがビジネスであり、大企業ではそれぞれの工程が部署単位になっています。働いている個人から見ると、全体のビジネスフローが見えにくいのです。だから、大企業で働いていると、組織の部品の一部になっている感覚があって、「**何のために働いているのだろう**」と、働く目的を見失いやすいのです。

働く目的を見失い、目の前の仕事だけをこなしている状態ほど、リスクの高い状態はありません。

主人公のように生きてみよう

その点、ベンチャー企業などの小さい会社は、社会との関係性がわかりやすいです。「八面六臂《はちめんろっぴ》」というベンチャー企業があります。彼らのお客さんは、外食業を経営している人たちです。水産物をはじめとして肉や野菜、調味料など、必要な食材をネットを介してお店に届けています。

この会社は、商品を仕入れるルートをつくり、受発注システムをつくり、どのような商品であるかを一目でわかるようなユーザーインターフェイス（ＵＩ）を完成させました。そして毎日、大量の食材を外食業のお店に届けているのです。

八面六臂の社員たちは、自分がどの仕事をやっているのかをよく理解しています。組織の歯車の一部だという感覚が少なく、機能もわかりやすいと言います。

ちなみに、八面六臂を立ち上げた松田《まつだ》雅也《まさなり》さんは、「日本のレストランや飲食業で提供されている料理の食材に、もっと新鮮で安全なものが増えれば、おいしい料理がもっと増えるはずだ」ということを昔から言っていました。

だから、事業の根底には、「安全で新鮮な食材を提供することで、日本の〝おいしい〟を増やしたい」という理念があり、事業の本質的なところがブレないのです。

ベンチャー企業では自分で考え、行動していく人が求められているので、高いマインドセットで働くことができます。ベンチャー企業ではなく大企業にいたとしても、人生の主人公は自分であり、自分が主体的に会社を動かしているんだ、という意識を持つことは可能です。

そのためにも、「大企業＝安心・安全」という思い込みは捨てる必要があります。

変化への対応こそ「安定」

真の安定とは、変化しない場所でじっとしていることではなく、どんな変化にも対応して動けるようにしておくことです。

「スキルを身につけるためのスキル」という考え方があります。

これは、英語や簿記などのスキルでさえもしかしたら役に立たないことがあるかもしれませんが、これらのスキルを身につけるための勉強法や思考体系は一生役に立つでしょう。

時代の変化に合わせて商売や業態を変化させない会社は業績を落として潰れていきます。個人でも同じです。1つのスキルで食べていこうとする人は、それが通用しなくなった瞬間に食えなくなります。

変化に対応できるためには、つねに動き続けること、学び続けること。それこそが正しいリスクとの向き合い方です。リスクゼロを求めて、じっとして何もしないでいることこそが、ハイリスクなのです。

33ページのコインゲームでも説明したように、リスクは恐れられるように人間心理ができています。しかし、「過剰」にリスクを恐れてはいけません。

投資家や起業家は、リスクがあることを「ワクワクする」と肯定的に感じ、思い切って決断することに慣れています。もちろん、入念な下調べをし、確信の度合いを高め、リスクを低くしていく努力は怠《おこた》ってはいけません。

決断のときに私が持っているものは、「未来への希望」です。「人を信じること」と言い換えてもいいかもしれません。

他人のことを100%わかることなんてできませんよね。人の粗探しなんてしていたらキリがありません。

しかし、**よいところや真面目で真剣なところなどを見つけることはできます**。そのようなところは必ずしも論理的に決められるものではありません。心で見出していくことになります。

バイアス2
「貯金は善、投資は悪」という思い込み

みなさんは貯金をしていますか。

日常生活において、お金の話はタブーなことが多いですが、貯金や節約に限ってはそうではないことがほとんどです。

テレビ番組でも節約テクニックは人気コンテンツですし、「貯金しておきなさい」と親や教師に言われて育ってきたのではないでしょうか。

その一方で、日本人の半数の人が、投資や金融に対して「積極的に無知であろう」としています。

金融庁が出した「金融レポート」で、次のようなアンケート結果が出ていました。

金融・投資知識の習得に関する問いで、投資教育を受けた経験が「ある」と答えた

人は全体の3割。残りの7割の人は「なし」でした。

そして、その7割の人のうちの、さらに7割が「金融や投資に関する知識を身に付けたいと思わない」と回答しているのです。

7割×7割＝49％、**つまり半数の人たちが、金融や投資に関する教育を受けたことがないし、今後も教育を受けたくないと思っている**ということです。

この背景には、「貯金は善、投資は悪」という思い込みがあると私は考えています。お金はコツコツと貯めるものであり、金融の知識を持つこと自体、人として良くない発想だというバイアスです。

アンケート結果を見て、金融庁の幹部が相当のショックを受けていたようです。

「自分たちは正しいことをしていたのだろうか。投資嫌いの日本人をつくったのは、自分たちにも責任があるのではないか」

そう語っていたそうです。

そもそも貯金は「目的」なのか

最初に述べたように、私たちは貯金が大好きです。

夏と年末のボーナスの時期になると、使い道についてのアンケート調査がおこなわれます。「何に使いますか？」という質問の回答の第1位は、「貯金」です。

年初の「今年、頑張りたいこと」というアンケートでも、1位は「貯金」です。

お金を旅行や趣味に使うのはわかりますが、そもそも貯金は「使い道」なのでしょうか。少し違和感があります。

もちろん、貯金自体は悪いことではありません。子どもの教育や家のことなど、ライフイベントに備えて必要な金額を貯めることは、非常に大事なことです。

しかし、**「なんとなく不安だから」という漠然とした思いで多くの人が貯金することによって、その行為が社会の閉塞感《へいそくかん》を生み出すことになるのです。**

なぜなら、前にも説明したとおり、お金はエネルギーだからです。

「タンス預金」という言葉を聞いたことがありますか。

銀行などの金融機関に預けられず、自宅で保管されているお金のことです。

2019年の第一生命経済研究所の調べでは、**日本で約50兆円のお金がタンス預金になっているそうです**。日本のGDPが約500兆円なので、その額の大きさがわかると思います。

以前に、関東地方で大水害が起きたとき、ある金融機関が緊急時でお金を引き出してもらえるようにと、避難所に臨時のATMを設置しました。

ところが、実際はお金を引き出すのではなく、お金を預ける人が多く、入金超過でATMがパンクしてしまったそうです。避難してきた人たちが、タンス預金を一斉に預けたためです。

たしかに、銀行や郵便局にお金を預けていても、ほとんど金利はつきません。

しかし、それでもタンス預金よりはマシです。預けられたお金は銀行がそれを元手に運用するので、社会に回っていくお金になります。

タンス預金は、ただ眠っているだけで、何の役にも立っていません。エネルギーが消滅した「死んだお金」なのです。本当にもったいないことです。

タンスの中ではお金はただ眠っているだけですが、それに働いてもらうことにより、雇用が生まれたり、ビジネスチャンスが広がったりする可能性があります。50兆円のうち、ほんの一部でも世に回れば、日本社会はぐんと活性化するはずです。

大友克洋《おおともかつひろ》さんの有名な漫画「AKIRA」の中にこのようなシーンがあります。東京が破壊されて廃墟《はいきょ》になったとき、ひとりの老婆が大量の缶詰を秘密の部屋に隠し、誰にも渡すまいと抱えたまま飢え死にするという場面です。ある意味、必要以上に貯めたタンス預金はそのような老婆の姿を彷彿《ほうふつ》とさせます。

現金は「バーチャル」なもの

そもそも、現金というのはバーチャル（実体を伴わず仮想的）な存在です。そのバイアスにも私たちは気づくべきです。

「1万円札」と「1万円の時価がついた株式」だったら、どちらがリアル（実体がある）で、どちらがバーチャルだと思いますか。おそらく、1万円札がリアルで、株式のほうがバーチャルだと思ったのではないでしょうか。

しかし、**1万円札の原価はたったの20円です。**それを私たちは、「1万円の価値がある」と思い込んでいるのです。

一方で、株式はどうでしょうか。

株式は、株式会社と紐づいています。会社が持つ有形・無形の資産の権利が乗っかっています。もちろん、株価は変動しますが、少なくとも会社という「実態のあるもの」と紐づいているわけです。

つまり、**現金よりもよっぽどリアルな存在なのです。**

とはいえ、じゃんじゃん株式投資をしろというのも暴論ですが、一方で必要以上にお金を貯め込むのも問題です。そういうお金が消費にも投資にも回らなければ、経済は停滞してしまいます。

貯金そのものが目的になると、今度はお金を失うときの痛みが大きくなりすぎます。それはまさしく「失望を最小化する人」の思考ですね。

極度に貯金好きの人は、もう一度、51ページで紹介した思考実験で、人生の目的を見つけましょう。

また、「投資は悪」という思い込みにもう少し触れておくと、「投資」と「投機」が区別されていないことに問題があります。

「投機」とは、利益のみを目的にしたギャンブルのような行為です。

パチンコやカジノと同じように、得する人がいる一方で、損する人もいるというゲームです。1つのパイを奪い合うゲームを「ゼロサムゲーム」と呼びますが、投資をギャンブルだという人は、それをイメージしているのでしょう。

一方で、「投資」はまったく性質の異なる概念です。

新しい商品や市場をゼロから生み出し、全員が得することこそが投資の本質です。

1つのパイを奪い合うのではなく、パイを大きくすることで全員の取り分が増えることを目指すのです。

この本質を理解するようにしましょう。

「つみたてNISA」に大きな期待

最後に少し、冒頭に触れた「金融教育」に話を戻しましょう。

金融庁は、少額投資非課税制度（ＮＩＳＡ）の積み立て版「つみたてＮＩＳＡ」という制度を創設しました。これはなかなかすごい制度で、毎年40万円まで20年間、投資で得た利益に対して課税されない制度です。

もちろんこの制度は創設しただけでは絵に描いた餅で、きちんと利用されないと意味がありません。

この制度は20年間という長期間にわたり投資を促進するというところと、積み立ての商品に適用されるものであるというところに意味があります。**まだ金融資産を十分に保有していない若い世代にはうってつけの制度です**（詳しくは「エピローグ」を参照）。

50％の人が金融に対して「積極的に無知であろう」としている日本の社会において、短期的に投資教育を成功させることは難しいでしょう。

しかし、幸いにも個人型の確定拠出年金（ｉＤｅＣｏ）制度に加えて、つみたてＮＩＳＡという新しい制度が加わったことで、長期投資を促進する非常に優れた制度が整ってきました。

これをチャンスに、粘り強く官民一体で投資教育を進めていくことが、「貯金は善、投資は悪」という思い込みを変える一歩につながると思っています。

バイアス3
「給料は我慢料である」という思い込み

最後のバイアスについて述べる前に、1つ質問です。

「あなたは、働くことが好きですか?」

ちょっと考えてみてください。

私は、働くことが大好きです。そして、**同じように働くことを楽しんでいる人に、そんな人が集っている会社に、もっと投資していきたい**と考えています。

私はそう考えているのですが、残念ながら日本において、その思考は決してマジョリティではありません。

実は、日本人の多くが「働くことが嫌い」で、「自分の会社のことも嫌い」なのです。

日本人は本当に「勤勉」なのか

電通総研の調査で、働いている18～29歳の若者に、働くことの意義について尋ねたデータがあります。

その結果、「働くのは当たり前だと思う」と答えた人が全体の4割しかいなくて、「できれば働きたくない」と答えた人が、全体の3割もいました。

6割の人が、「働くのは当たり前だと思っていない」し、3割の人は「働きたくない」のです。

「日本人は勤勉だ」というイメージを聞いたことがあるかと思います。

たしかに、労働時間は海外と比べると長いのですが、働いているときの心の中を覗いてみると、仕事のことはそんなに好きではないと思っているのです。

また、従業員エンゲージメント調査という、自分の会社に対する「信頼度」を尋ねた調査によると、日本は世界26カ国のうち、下から2番目の59%でした。

ちなみにアメリカは80%、中国は86%です。

日本人は他の国に比べると会社に貢献したいと思っていないし、愛着も持っていないないのです。ちょっと意外に感じる人もいるかもしれません。

私は明治大学商学部で講師をしているのですが、その講義でも「働くこと」のイメージを受講生に調査したことがあります。

すると、**8割もの学生が、「働くこと＝ストレスと時間をお金に換えること」だととらえていたのです。**

もちろん学生なので、アルバイトによる時給の考え方が根付いているのでしょう。

しかし、働くことにネガティブなまま、就職活動で会社を選んだり、社会に出たりすることは、非常に問題だと思います。

「仕事嫌い」「会社嫌い」が生まれる背景

では、なぜそうなってしまったのかというと、戦後の日本が歩んできた道のりにも原因があるのではないでしょうか。

戦後の日本は急速に経済成長する過程で、企業社会になっていきました。

終身雇用が常識になり、大きな会社に守られながら働くというスタイルが中心になる一方で、自営業者はどんどん減っていきました。日本でも自営業者が身近にいた時代は、何らかの自分の専門スキルを生かして働くということは当たり前でしたし、**そこでどうやってお金が回っていくのかを、幼少の頃から自然に学ぶことができました。**

しかし、企業社会においては、サラリーマンたちは、「労務を提供すると自動的に給料が振り込まれる」システムの中にだんだんと絡めとられてしまいます。

会社に属し、その会社で出世し、給料を上げることが「働くこと」だと考えられるようになる。高度成長期はそれでよかったとしても、バブル崩壊以降は給料も上がりにくくなりましたから、社員たちのモチベーションに行きづまりが生じてしまうのも当然でしょう。

そういう親や先輩たちの姿を見て育ったので、多くの学生が「ストレスと時間をお金に換えること」だととらえてしまい、「仕事嫌い」「会社嫌い」になっているのです。

今では、「社畜」という言葉も、当たり前に使われるようになりました。

「社畜」とは、92ページでも述べたように、「勤めている会社に飼い慣らされてしまい、自分の意思と良心を放棄し、奴隷《どれい》（家畜）と化したサラリーマン」のことです。

ポイントは、「自分の意思と良心を放棄し」というところです。日本の会社とサラリーマンの関係は、いわば「別れられないカップル」みたいなものです。

会社も社員を辞めないように縛り付けているし、社員は給料がもらえなくなるのが怖いから辞められない。

日本の企業が成長できない理由の多くは、会社と社員が「嫌いなのに仕方なく付き合っている」状態が長く続いているせいです。

私の原体験「ブラジャーで育った投資家」

ここで少し、私の原体験の話をしたいと思います。

私の母の話です。

おそらく母は、「日本一ブラジャーを売った女性」の1人です。どういうことかというと、母はワコールという会社で、40年以上販売員をしていました。営業成績はいつもトップクラスで、何度も表彰されていました。

あまりに販売が上手だということで、還暦を過ぎてもしばらくは嘱託《しょくたく》社員として売り続けていました。成績もよく、勤めていた期間も長いわけですから、日本で最もブラジャーを売った女性といえるのです。

母は、毎日ブラジャーを売ることに全力投球していました。家でもブラジャーの話ばかり。食卓の話題の3分の1ぐらいがブラジャーだったのです。

「今日は10枚売れたのよ」

「今日は3枚しか売れなくて残念だったわ」

そんな話を聞かされて、思春期の頃は恥ずかしくて嫌でした。

しかし、振り返ってみると、今の私があるのは、母のおかげだということを思うようになりました。お金持ちの家庭というわけではなかったので、**父の稼ぎに加えて、母が一生懸命働いてそこで稼いだお金をそのまま私の教育にかけてくれました。**本を買ったり、ピアノを習わせてくれたり、大学でちゃんと学ぶことができたりしたのも母のおかげなのです。

母のおかげ、というのは、教育費の面だけではありません。

私は子どもの頃から母が楽しそうに働く姿を見ていたので、「働くことは自分の能力を生かすことで、楽しいことだ」というイメージが無意識に刷り込まれていました。もともと私には、「働くこと＝悪」というネガティブな意識がなかった。それは、**この原体験が大きな財産となっている**からだったのです。

ファンドマネジャーとして働くことになったときにも、「日本のいい会社をたくさん見つけて、応援しよう」と、素直に楽しむことができた。ストレスを溜めながらいやいや働く人が多いなかで、それはとても幸運なことです。

そんなわけで、私は最近の自己紹介では、「ブラジャーで育ったファンドマネジャーです」と話しています。

家庭環境は、うまくいくと資産になりえますが、一方で、**あなたに悪い考えを植え付ける側面もあります。**

リスクを怖がるのも、必要以上に節約思考になるのも、もしかしたらあなたが悪いのではなく、育ってきた「環境」が影響しているのかもしれません。

「経営理念」再考

投資家的に会社を見るとき、私は「経営理念」を重視しています。

経営者が理念を語ることも大事ですが、それが社員に浸透しているかどうかもポイントです。

そもそも経営理念がない会社なんてありません。ところが、形骸化していたり、社員に伝わっていないことが意外と多くて驚きます。

「何のために働いているのか」という大義名分を意識できているかどうかで人生は変わってきます。仕事へのモチベーションにも関わってきますし、何より充実感を得られるからです。

LITALICO（りたりこ）という企業があります。

障がい者の就労支援や発達障がい児の学習支援をおこなっていて、「世界を変え、社員を幸せに」という理念と、「障がいのない社会をつくる」というビジョンを掲げています。

その理念に基づいて事業ごとにコンセプトを立てており、さらに、どのように実践しているのかをプレゼンし合い、表彰する制度を設けています。そうすることで、社員間で理念とビジョンを共有しているのです。社員が前向きにいきいきと働き、企業自体も急成長しています。

ぜひあなたも、一度ちゃんと自分の会社の経営理念を見てみてください。

そして、もしそれに賛同できない場合は、転職を視野に入れるなど、別の道に目を向けてもいいでしょう。

給料は、我慢料ではありません。76ページでも述べたように、損得や安定に偏った思考を変え、もっと「好き嫌い」でキャリア選択をしていいのです。

労働観とお金観、人生観はつながっています。

「働くこと＝悪」というバイアスを取り除き、人生の主導権を握りましょう。

以上、3つのバイアスを解説してきました。投資家的な考え方を理解し、思考のクセを拭い去ったら、もう準備万全です。あなたも立派な人生の投資家になれます。

本書の後半では、同じように投資家のように生きる人たちの行動パターンを見ながら、日々の習慣をアップデートすることを目指しましょう。

習慣1

今日の「過ごし方」が未来へとつながる

惰性に打ち勝つ1つの質問

さあ、ここからは実践編です。

投資家みたいに生きる方法をお伝えしようと思います。

あなたのエネルギーを投入し、未来からのお返しを得るのです。

そうすることで、希望を最大化する人になることができ、あなた自身の市場価値を高め、これからの変化の時代を生き抜くことができます。

習慣を変えれば生涯賃金だって変わってきますし、そして何より主体的に生きることの充実感は、何物にも代えがたい価値があります。

そのためには、今の一瞬一瞬の意識を変えることが必要です。

ここまでの話を踏まえて、人生を変えるためのとっておきの質問が1つあります。

それが、「これって投資？　それとも浪費？」という自問自答です。

すべての行為の前に「これって投資？それとも浪費？」という自問自答

大事なキーワードなので、上にも大きく書いておきましょう。

「人にありがとうとお礼を言いたいけど、恥ずかしいからやめとこう……」

「朝早く起きて英字新聞を読むようにしたいけど、二度寝したい……」

「家に帰ってきて読書をしたいけど、YouTubeでオモシロ動画を見てしまう……」

このような惰性《だせい》の習慣に打ち勝つことこそが、「投資家みたいに生きる」ということです。

ケチな金持ち

よく、分不相応で贅沢な食事をした後に、「これは自己投資だ」と、自分に言い訳をする人がいますよね。しかし、ここまで読んできたあなたなら、それが間違っていることがわかると思います。

なぜなら、**「投資」はいつだって「未来」に向けられているからです。**

過去のおこないを正当化するために「投資だった」と言うことは、投資家的な考え方ではありません。

これは何も、贅沢な食事はすべて「浪費だ」と言っているわけではありません。

「このレストランにあの人を連れてきたら、きっと喜びそうだな」

「珍しい国の料理を食べに行って、ＳＮＳで紹介しよう」

というように、**「リターン」を意識した行為であれば、贅沢な食事だって立派な投資になります。**それを可能にするのが、「これって投資？　それとも浪費？」という質問の威力なのです。

これが実はバカになりません。

私はこれまで、たくさんの経営者をインタビューしてきました。すると彼らは、意外と「ケチ」であることに気づきます。

もともと倹約家で、タクシーすらほとんど乗らないという人もいます。ハイヤーを好むのはサラリーマン経営者のほうが多く、また会社の経費に無頓着な人も少なくありません。

もしかしたら、ケチな経営者は社員からは不人気かもしれません。しかし、長期的に利益を生み出すのは、冷静にコストを意識できる経営者です。

コストにうるさい経営者の下で働いている人は、「ケチでよかった」と考えるべきでしょう。もし、あなたが上場企業に勤めているのなら、自社株を買って、そのケチさによる利益を享受することもできるかもしれません。

優秀な経営者には、つねにコストの意識があります。あって当然なのです。

それは、サラリーマンでも同じです。

1人の人間が未来に向けて確実に成長するためには、一瞬一瞬の判断を徹底し、習慣として積み重ねていくしかありません。

「複利の力」を思い知れ

投資の世界には、「複利」という概念があります。

1年で「3％」の利子がつく場合、100万円を預けたら、25年後にいくら増えるでしょうか。

100万円×3％×25＝75万円

と計算した人は、間違いです。毎年増えた分にも利子がつくので、

100万円×3％の25乗＝約109万円

が正解です。

たった3％の利子でも、最初の100万円は、2倍以上の209万円になるのです。

それが複利の力です。

投資家的な考え方ができると、短期的な一発逆転を狙うのではなく、小さな習慣を積み重ねて長期的に大きく成長することを選択できるのです。

これは、私たちの日常でも当てはまります。

1冊でも多く本を読む、1人でも多く新しい人と知り合う、1回でも多く人を褒める……。

そうやって、**日常に「小さな差」をつけて、日々を大切に生きるのです。**

1日ではほとんど差が見えなくても、長期的に見ると、圧倒的な差が表れ、その差は簡単に埋めることはできなくなります。

投資の「思考」を「習慣」につなげる

それでは、投資家的な考え方を「習慣」につなげていきましょう。

自分にリターンが返ってくる投資という意味では、「自己投資」という言葉がわかりやすいかもしれません。自己投資を実践する際には、次の3つのルールを念頭においきましょう。

ルール1　お金をかけなくてもいい（ベンチャー精神）
ルール2　三日坊主上等（脱サンクコスト）
ルール3　プロセスを楽しむ（手段を目的に）

それぞれ順番に見ていきましょう。

1「お金をかけなくてもいい」(ベンチャー精神)

まずは、「お金をかけなくてもいい」についてです。

これは、本書でも何度も語ってきた、投資＝お金とは限らない話です。

前半パートのエネルギーの話を思い出してください。「主体性」と「時間」があっても投資することは可能ですし、そこに「決断」と「運」が絡めばよいのです。

「**お金はないけど、やる気と時間だけはある**」

そんなベンチャー精神があれば、若い人であっても、学生でも、投資家みたいに生きることは可能です。

私はこれまで、数多くのベンチャー起業家を見てきました。彼らはみな、初めからお金持ちだったケースは少なく、「お金も人脈もほとんど持っていない。けれど、情熱だけはあった」という状況から人生を切り開いていった人が多数派なのです。

「将来、お金が貯まったら何かやろう」という意識では、もう遅いのかもしれません。

2「三日坊主上等」（脱サンクコスト）

2つ目は、「三日坊主上等」についてです。

これから紹介するすべての自己投資に当てはまることですが、「完全である必要はない」ということです。

「継続は力なり」であることはたしかです。しかし、完璧主義はときに悲劇を生みます。

投資の世界には、「サンクコスト」という概念があります。**投資したお金や時間、労力を、せっかくだから取り返したいと思う気持ちのことです。**

100万円で買った株式が70万円に下がったとき、多くの人は、売ることができなくなってしまいます。なぜなら、売った瞬間に30万円を損することになり、その事実を認められないからです。

過去に向けられた100万円への執念が、サンクコストであり、それにとらわれると身動きがとれなくなります。

繰り返しお伝えしたように、投資をする際、リターンを意識することは大事です。

しかし、それはつねに「未来に向けられたもの」です。

サンクコスト的な判断は、私たちの日常でも襲いかかります。

「今の会社にいても成長しない。けれど、ここで辞めてしまったら、今までの苦労がムダになる」

「10年前にボーナスを奮発して買ったスーツ。型が古くなったけれど、もったいないから着続けよう」

このように、**サンクコストにとらわれてしまうと、現在の価値が見えなくなり、賢く判断する感覚が鈍ってしまいます。**

そうならないためには、つねに未来志向で、「今」を判断基準にすることです。

70万円に株価が落ちて、さらにそれ以上、下がると判断したら売る。今の会社でこれ以上の成長がないと判断したら転職する。今の時代に合っていないスーツは早く捨てて新しいものを買う……。そのように、「今」を軸にして考えるのです。

自己投資をする場合、一度はじめたのだから毎日欠かさずやらないといけない、と力を入れて考えなくてもいいのです。

三日坊主上等です。過去にとらわれず、今を判断軸にしましょう。

3「プロセスを楽しむ」(手段を目的に)

最後のルールは、「プロセスを楽しむ」ということです。

投資という行為にはメリットがたくさんあり、サラリーマンにとってはスキルを磨く手段になりますし、目に見えない資産を増やすための手段にもなります。

しかし、**その行為自体を「目的」として楽しめることこそがベストな考え方です。**

ジャーナリストの立花隆《たちばなたかし》さんは、著書『立花隆のすべて』(文春文庫)の中で、次のように書いています。

「私にとって取材は本を書くための手段である、でも実は違う、私は取材そのものが楽しいんだ」

この言葉に、私も共感します。投資という行為は、結果だけを求めてしまうと、報われないときの失望が大きく、つらいものになってしまいます。

また、効率のよい方法ばかりを追い求めると、その時間が味気ないものになってしまいます。

たとえば勉強をするとき、もちろん受験の合格や資格の取得が目的になるでしょう。

しかし、**勉強そのものに楽しみを見出し、学ぶこと自体が楽しめると、勉強した内容が血肉となり、学びの効果は加速します。**

そうなれば、まさに最強の状態です。

長期的に成長するためには、プロセス自体を楽しむことが一番です。

人は楽しいからこそ熱中して意欲がわき、続けることができるものです。結果や効率にこだわりすぎず、プロセス自体を楽しめることを優先しましょう。

さて、ここからは、投資家みたいに生きる方法について具体的な習慣を紹介します。

前半は、「視点」「アウトプット」「タイムマネジメント」の能力を高める習慣についてです。

投資家の視点

アンテナを立てて日常生活を送る

まず手に入れたいのは、投資家のように物事を見る「視点」です。

前述したように、**投資家は特別な情報を握っているわけではありません。あくまでみなさんと同じ、開示された情報から、日々、投資先を決めています。**

同じ情報を見ていても、「視点」が異なるのです。アンテナを立てて日常生活を送っていると言い換えていいかもしれません。

「投資家は客観的な視点で物事を見ている」

そんなことを言われることがあります。しかし、果たしてそうでしょうか。私は、違うと思っています。この世に「客観的な視点」なんてないのです。

「汚れ」が見える人、見えない人

2003年4月、自分の会社であるレオス・キャピタルワークスの開所式を迎えたときの話です。初めての自分のオフィスの中で、私は「あること」が気になって仕方ありませんでした。

それは、ドアノブに付いた指紋でした。ピカピカだったドアノブに、人が訪れるたびに指紋の汚れがどんどん付いていったのです。

前職のオフィスでは、そんな汚れに気づくことはありませんでした。そのオフィスのことは、自分ごとのように見ることができなかったからです。しかし、レオスのオフィスは私の所有物であり、働く従業員だけでなく、ドアノブ、壁、机など、すべてにおいて愛着がありました。独立してはじめて、当事者意識が生まれたのです。

このように、**人は、主観的な視点で物事を見ます。人間は、関心がないことは見えないようにできています。**

スーツを買おうとしている男性は、街行く人のスーツが気になりはじめます。女性には目に入る化粧品の看板は、化粧をしない男性には見えません。

そんな人間の性質を理解した上で、できる限り、幅広く視野を広げてアンテナを立てて生きるには、どうすればいいのでしょうか。

流行はお好き？

世の中には、流行を嫌う人がいます。

しかし、投資家的に見ると、**流行嫌いのマインドは変える必要があります。**

なぜなら、アンテナを立てて、何でも自ら試すことで、日常生活がインプットの場に変わるからです。

ポケモンGOが大流行していた頃、当時はLINE執行役員だった田端《たばた》信太郎《しんたろう》さんのSNS投稿が話題になりました。

それは、経営者が集まる会議でポケモンGOをしている人数を尋ねたら、2〜3割くらいしか手が挙がらず、がっかりしたという話でした。

私も10年近く前ですが、同じ経験をしたことがあります。

ある地方の中核都市で、上場を目指す若手ＩＴ経営者が対象のセミナーに登壇しました。フェイスブックの共同創業者マーク・ザッカーバーグの半生を描いた映画『ソーシャル・ネットワーク』が公開されたばかりだったこともあり、「映画を見ましたか？」と聞いたところ、会場がシーンとしたのです。

「フェイスブックをやっている人は？」と質問を変えました。

それでも、パラパラとしか手が挙がりません。会場には、１００人くらいのＩＴ経営者が参加していたのですが、私はこう言いました。

「すみません。この地域からはあと5年は、少なくともＩＴの上場企業は出ないでしょう」

そして実際、今も上場企業は出ていません。

これは、フェイスブックやポケモンＧＯをすること自体が大事だという話ではありません。

前述したように、人間は関心のないことは見えないようにできています。

流行しているものをいち早く自分で試すことによって、世の中の価値観に対しての

あなた自身の身体的感覚を得ることがすごく大事なのです。

過小評価されたドン・キホーテ

1996年に、総合ディスカウントストアのドン・キホーテが株式公開をしました。当時は、多くのファンドマネジャーやアナリストが、ドン・キホーテに低評価を下していました。

なぜなら、その頃の流通担当のアナリストは、ほとんどが女性だったからです。彼女らは、高級百貨店で買い物をするような、裕福な環境で育った女性ばかりでした。ドン・キホーテのようにごちゃごちゃして雑多な店づくりが理解できなかったでしょう。その結果、**「業績は成長しているけど、いつか止まるだろう」**と、**偏見で判断していたのです。**

その意見を鵜呑《うの》みにしていたら、誰もドン・キホーテに投資はしていなかったでしょう。しかし、私は実際にドン・キホーテを見に行きました。

すると、若者たちが目的もなしに深夜にブラブラ立ち寄っていたり、友達同士で遊びに来ているような会話が聞こえてきました。彼らにとっては、ただの買い物ではなく、特別な場所になっていたのです。

私は、ドン・キホーテを評価し直しました。すると、その5年後、売上も利益も株価も大きく上昇したのです。

第三者による意見は、あくまで二次情報に過ぎません。実際に利用するお客さんがどう思うかを考えることこそが、マーケット感覚なのです。

何度も述べたように、私たちは偏見から逃れられません。

しかし、実際の現場を見て、「多くの人がどう思っているか」を体験すれば、誰だって視野を広げることができるのです。

「身体的感覚」の価値

これからの時代は、情報よりも「体験」の価値が上がります。

時代を象徴するイベントや本、映画、ネットサービスなどは、情報として「知っているだけ」では意味がありません。
自身の体験として肉体的な消化をすることで、身体的感覚が磨かれます。その身体的感覚があれば、その価値観から離脱したり、超越、模倣することも選択できるようになります。言い換えるならば、時代の空気を身に纏《まと》うのです。
流行に関して条件反射的に「ふーん」と無関心になったり、斜に構えたり、「けしからん」とネガティブな感情が湧いてきたりする人は、要注意です。時代の空気からどんどん遠ざかってしまいます。

そんなときこそ、「これって投資？　それとも浪費？」と自問自答してみてください。「流行りもの」への嫌悪感は、普通は年をとるごとに大きくなってきます。しかし、嫌悪感を好奇心へと変換させることで、あなたの身体的感覚は磨かれ、世の中の物事からたくさんのことを学べる「視点」が手に入ります。

流行に限らず、新しいものに反射的に嫌悪感が起こってしまうのは、「過去」に目が行っているからです。

「昔の映画や音楽はよかった」

「昔に流行ったファッションの焼き直しじゃないか」

そう言って過去の体験に生きている人は、人間としての成長が止まります。

それは会社も同じです。「自伝を得意げに渡す社長の会社の株価は上がらない」と、私も著書に書いています。

今を生きている経営者は、過去の成功にほとんど興味がなく、現在取り組んでいることや未来のことを目を輝かせて話します。逆に、過去の思い出話や自慢話が多いと、その会社の成長は止まります。そんな会社に、私は投資することはありません。

街の「変化」を見つけよう

投資家的な「視点」を持っている人とは、「変化に気づける人」と言い換えることができます。

マーケット感覚を持ち合わせていたり、ビジネスチャンスを発見できる人は、**日常生活において変化を見つける「敏感さ」を持っている**のです。

そして、それは特別な才能やセンスではなく、誰でも身につけることができると私は思っています。

そのためにできる簡単なことは、「流行を知ろう」とアンテナを切り替えて過ごすことです。

流行を気にするだけで、不思議なことに、同じ風景もまるで違って見えてきます。

いつもの通勤ルートや住んでいる街の景色が変わり、移動時間が情報収集のための時間に変わるのです。

「街行く人の服のサイズが大きめになっている」
「駅前に新しくできたカフェのコーヒーが量より質を売りにしている」
「ハンズフリー会話をしている人が増え、独り言に見えることに抵抗感が少なくなっている」

同じ生活をしていても「流行を知ろう」と意識を切り替えただけで興味のアンテナ

が多方向に伸び、入ってくる情報量が格段に増えるのです。

変化を知る方法はいろいろあります。

書店をブラついたりするだけでも、トレンドの情報は入ってきます。各ジャンルについて詳しい人に、「今、どんなものが流行っているの？」と聞いてみるのもいいでしょう。これらの積み重ねが、投資家的には立派な財産となるのです。

ある時期に、ペットボトル飲料がガラッと変わった瞬間がありました。

「味」ではありません。「形」が変わったのです。

ペットボトルの形がスリムになったり、複雑な形状になったりして、ただ飲み物を飲むためだけでなく、持っているだけでおしゃれなアイテムに変わったのです。

これは、女性のライフスタイルに合わせて、スタイリッシュで高級感のある飲み物が手に取られるようになったからです。

「ああ、ただの飲み物か」と思っているだけでは、この変化には気づけません。

「変化のウラ」にあるビジネスチャンス

ちなみに、どうしてそれが可能になったのかというと、シールに秘密があります。昔のペットボトルのシールは、糊《のり》でくっついていました。大きめのペットボトルにベタッと張り付いていただけでした。

それが今は、「シュリンクラベル」という技術によって、ラベルを縮ませてペットボトルにくっつけています。すると、ペットボトルがどういう形であっても、よく付くのです。それだけでなく、糊の量も少なくて済みますし、ラベルがすぐに剥《は》がせるので、環境的にもとてもよい。

このラベルを作っているのが、大阪にあるフジシールという企業です。シュリンクラベルの成功で、フジシールは東証一部に上場し、巨大企業になりました。

変化のウラには、こうした投資のチャンスも隠れています。

世の中のヒット商品にアンテナを立てれば、こうした企業を見つけられたり、あるいはビジネスチャンスを見つけることだって可能なのです。

世の中にあるモノ・サービスの流れはすべてつながっています。流行を知ることはさまざまな商品やサービスのアイデアへと発展していきます。

私たちの暮らしている世界の中には、公開上場企業があふれています。


たとえば、電池を作っている会社、床材を作っている会社、イスの会社……と、周りを見るだけでもたくさんの上場企業があります。

多くの人は、こういうものに関心を持ちません。

「これって何だろう」「誰が作っているのだろう」「どういう仕組みなんだろう」と掘り下げて考えるクセがあると、実はあらゆるところにチャンスが転がっているのです。


何も考えずに過ごしていると、B to B（企業向け取引）の存在が見えません。変化のウラには、意図や工夫が隠されています。

ちょっとした疑問が、ビジネスアイデアや投資チャンスにつながります。それこそが投資家的な視点です。本書を読んだみなさんには、ぜひ、そのように考えるクセをつけていただきたいです。

家電量販店を「くまなく」歩くクセ

これまでの話を踏まえて、ぜひ身につけてほしい習慣があります。

それが、街やお店をくまなく歩いてみる、ということです。これぞまさにゼロ円で今すぐはじめられる自己投資です。

投資家の視点を身につけるのに、特におすすめなのは、「家電量販店」です。

やり方はとても簡単です。

月に一度、2〜3時間くらいかけて、家電量販店の地下から最上階までをじっくり見て回るのです。

買い物をする必要はありません。ただ、ゆっくりと見て回るだけです。これが実はすごい効果を発揮します。

大型の家電量販店には、古今東西のあらゆるものが販売されています。自分が興味のあるものもないものも関係なく、すべてをくまなく見ましょう。

特に注目したいのが、最新テクノロジーです。ＡＩの技術は、今、日進月歩で進んでいます。雑誌やネットでキャッチアップするのもいいですが、最先端である家電製品で、体感しましょう。

テレビや冷蔵庫、PC、スマホなど、**1つ1つの売り場を見て回り、「今、どういうものがあるんですか?」と店員に聞いてみるのです。**

旧型の製品と違い、どういった技術が使われているのか、プロの立場から教えてもらえます。無料なのに、こんなにトクすることはありません。

いろいろな店を回るのもいいですが、「定点観測」をするのがよいでしょう。

1回だけでは「へー、こんなものか」としか思えないかもしれませんが、何度も訪れると、ちょっとした変化に敏感になります。今、何が売れて、何が流行っていて、業界の話や日本全体の景気まで感じ取れるようになります。

最新技術に疎《うと》い人でも、この方法なら確実にインプットすることができます。

家電量販店に置いてあるものは、そのどれもが食や健康、美容、娯楽など、「生活」に密着しています。

ここで得た知識は、他の場所にもつながってきます。新聞やニュースで知るだけでは一瞬で忘れてしまうかもしれませんが、現場で見て実際に人から話を聞いたことは確実に身になっていきます。

コンビニパトロールをナメてはいけない

69ページの浪費の話で、コンビニについてネガティブなことを書きました。

コンビニは、ついお金を使ってしまう無駄使いの場所になることが多いです。しかし、それはただ惰性で立ち寄るのがまずいのであって、家電量販店と同じく「自己投資の場」だと捉えると違ってきます。

なぜなら、**私は最先端の情報の集積地として、コンビニを見ているからです。**

コンビニの売り場は、常にＰＯＳデータでマーケティング管理されています。棚に並んでいるお菓子、お惣菜、飲み物、デザートは、メーカー側が売りたいものばかりです。

定番商品であっても、モデルチェンジされて女性向けになったりします。**ネーミングやロゴのフォント、デザイン、色などの変化は、まさに「時代の空気」がそのまま反映されます。**

そのような場だと思って、コンビニを歩き回ってください。

新商品を買ってみるのも、立派な投資になりえます。

よく、YouTuberやブロガーが、新しいものをいち早く試し、感想をアウトプットしていますよね。買ったものを試して人に伝えると、情報を生み出すことになるのです。

また、先ほどのペットボトル飲料の変化のように、投資先としての有望企業が見つかるかもしれません。

「新サービス」はすぐに試せ

「ポケモンGO」の例を前述しましたが、もしあなたのスマホが、買ったときと同じアプリのままだったとしたら、かなり危険です。

無料でどんどん新しいアプリやネットサービスが出てきています。それをまったく無視して、変化させていないのは、時が止まったまま生きているのと同じです。

メルカリやTikTokなど、少なくとも身近に流行っているアプリはダウンロードして実際に使ってみるようにしてください。

「**1ヶ月に一度は、新しいアプリをダウンロードする**」などのルールを決めてしまうとよいでしょう。

ある政治家がパソコンを使ったことがなかったり、ある芸能人がエクセルを知らなかったニュースがありましたが、こうなってしまっては非常にまずい状態です。

実際に試してみて、あまりピンとこなかったり、続かなかったりする場合があるかもしれません。しかし、それは逆に見てみると、チャンスでもあります。

「グーグルマップとリンクして見られればいいのに」

「アマゾンで買えるようになっていればいいのに」

など、**不満や改善点を見つけるということは、新たなビジネスチャンスについて考えるきっかけにもなります**し、たくさんの気づきを得られるでしょう。

注目のネットサービス

また、投資家として私が期待しているのは、新しいネットサービスを立ち上げる企業です。特に、**これまでありそうでなかったサービスをはじめる会社は、必ずチェックしています。**

今、注目しているのは、「Taimee（タイミー）」です。これは、面接や応募なしで個人が好きなときに仕事を探せるワークシェアリングサービスです。

これを利用すれば、たとえば旅行先でお金が足りなくなったときに、現地で数時間のアルバイトをしてお金を稼ぐことだってできるようになります。個人がスキマを見つけて働くことができるので、**働き方に革命が起きるのではないか**と思っています。まさに、ありそうでなかったネットサービスです。

革命を起こすという意味では、「ADDress（アドレス）」というサービスにも注目しています。

これは、月4万円を定額で支払うことで、全国で登録されている空き家が利用し放題になるサービスです。今後、日本全体の人口は減り、地方はますます過疎化をしていき、空き家が増えていきます。そんな流れをチャンスにとらえていると思うのです。

私自身、東京の自宅のほかに、富山県の朝日町に古民家を所有しています。そうやって地方にも本拠地をつくり、起業家を育てるための勉強会を開いたり、交流人口（その地方に訪れる人）を増やす活動をしたりしています。

こうした活動を一般のサラリーマンにもしやすくするのが、まさにADDressのサービスだと思うのです。

他にも、「バイクシェア」というサービスがあります。

これは、都会での自転車のシェアリングサービスです。フランス、アメリカ、中国など世界で先行して普及しているサービスですが、日本でもNTTドコモの「ドコモ・バイクシェア」、ソフトバンクの子会社の「HELLO CYCLING」と、通信系企業を母体とした新しいバイクシェアサービスが本格稼働しています。

私の会社の近くにもポートがあるので何度か使ってみているのですが、スマホアプリで手続きできるために思いのほか便利で、都会でのちょっとした移動にはタクシーよりも早かったりします。何より自転車に乗ることは気持ちよい体験で、**日頃、電車やタクシーで見ている渋谷や新宿の景色とは、まったく違った部分が見えてきます。**

また最近、急激に成長している「Sumally（サマリー）」という小物専門のトランクルームサービスも、今後期待のクラウドサービスです。

これまでのトランクルームでは、大型でかさばるものの収納に使われていましたが、Sumallyでは、衣類や書籍、CD、DVD、釣り具、楽器など、小さくても「なかなか捨てられないもの」を、1箱あたり月額・数百円で保管してくれるのです。

預けたアイテムは、スタッフが写真撮影をして、いつでもウェブ上のマイページで確認できます。しかも、預かるだけでなく、不要であればメルカリやヤフオクなどで売却することも可能です。

モノを手元に置かず、預かってもらうことによって、**コンパクトな家でも効率的に住むことができますし、売却して断捨離もできます。**このようなサービスはこれからもきっと増えていくことでしょう。

このように、投資家としては、単純に儲かるネットサービスだけでなく、**肌感覚として共感するもの**に注目をしています。

新しいネットサービスをどんどん試し、その感覚を身につけましょう。

「旅に出る」ということ

「投資家的な視点」を身につける習慣として、最後に紹介したいのは、「旅」です。

「イメージできないことはマネージできない」

そんな言葉があります。

いつもの場所から離れて、旅に出ることのメリットは計り知れません。旅をすることによって、たとえそれが短い滞在であっても、一度に多くの刺激を受けます。

投資家はいつも東京にいるイメージがあるかもしれませんが、これまで何度も語ってきたように、私は全国の企業を訪れてみて、実際に自分の目で見て投資するかどうかの判断をします。

だから、**年間120日くらいを東京以外で過ごしています。**

たとえば、北海道の根室《ねむろ》を訪れたことがあります。根室は北方領土に近い街ですが、そこに行ったからといって、特別なことがわかるわけではありません。

しかし、ネットで多くのことを調べることができ、かつAIが進歩してきた今、人間にできることといえば、ただひたすら現場に行き、見て感じることではないかと思うのです。

北方領土を納沙布《のさっぷ》岬から眺め、そよぐ風や草の匂いを嗅ぐ。地元の人と話をする。国後《くなしり》島出身のおじいさんと歯舞《はぼまい》群島出身のおばあさんをもつ女性と話をする。北方領土の話をするわけでもありませんが、ふつうの日常会話の中からたくさんの示唆に富んだ話が聞けました。

行く先々のものを飲み食いしつつ、地元の人に話を聞くことで、身体的なレベルで情報を消化できるのです。

また、旅先では、そこでしか食べることのできない「地元メシ」を食べるようにしています。根室のときは、「エスカロップ」「オリエンタルライス」を食べてみました。

ご当地の食文化からも多くの気づきが得られます。

こういったことを当たり前にやっておくと、自分なりの地図が頭の中にできあがり、**二次情報に振り回されることがありません。**

コピーじゃない体験談

オリジナルな生き方をするためにも、旅はうってつけです。

行き先や宿など、最低限の情報はネットで調べてもよいですが、旅先での細かな情報は、できれば現地の人から聞くようにしましょう。

もし、同じところに旅する人がいたとして、ネットに書いていたことを教えるだけでは、ただのコピー行為です。**ネットには載っていないけれど、実際に現地で聞いて自分の目で確かめた情報を持っていたら、あなたの価値はぐっと高まります。**

訪日外国人向けのウェブメディアを運営するMATCHAの青木優《あおきゆう》社長は、学生時代に奨学金で世界一周旅行をし、それが起業の原点になったそうです。

「インターネットにいるとなんでもわかった気になってしまうけれど、それは情報でしかない。情報は溢れているから、自分の原体験こそが価値になる」

彼はそう語っています。情報が多すぎる時代だからこそ、旅に出ることの価値はますます高まっています。

そんな体験を積み重ねることこそが、あなたの市場価値につながります。

北海道の話を振られたとき、私なら、先ほどの根室の体験談と北方領土についての現地の人のリアルな声をサッと語ることができます。

そんな経験を、1つでも多く身につけてください。そして、日常の街歩きでも、その視点を意識してください。

投資家流アウトプット

旗を立てて人前に出る

ここからは、投資家的「アウトプット」について書いていきます。

本書では、主体的に行動をするメリットについて散々語ってきました。

この項目でお伝えしたいのは、**発信する人にヒト・モノ・カネが集まってくる**という話です。

令和のはじめ、私の会社、レオス・キャピタルワークスがスポンサーとして支援したインターステラテクノロジズ（IST）の観測ロケット「MOMO（モモ）3号機」の打ち上げ実験がおこなわれました。

高度100キロメートルの宇宙空間に到達し、民間企業が単独で開発・製造したロケットが宇宙空間に到達するのは、国内初のことになりました。

「ロケット開発のスポンサーになってくれませんか」

最初にそう声をかけてくれたのは、ISTのファウンダーである堀江《ほりえ》貴文《たかふみ》さんでした。

堀江さんは、かねてから「ロケット事業に力を入れる」ということをさまざまなメディアやSNSで語っていました。**堀江さんが言い出しっぺになることで、支援する人や企業が集まっていたのです。**

当時の私は、正直にいうと、ロケット開発にあまり関心がありませんでした。

しかし、堀江さんは、「ロケット事業は、やってみれば夢中になる」「ぜひ今度の打ち上げを動画で見てほしい」「とにかく感動するから」と熱く語り、私はMOMO初号機の打ち上げを動画で見守ることにしました。

初号機の打ち上げは失敗でしたが、高度20キロメートルまでロケットが上がった様子を見て、私は言葉にできない感動を覚えました。堀江さんの話は本当だったのです。

初号機の失敗がわかったあとすぐ、私は堀江さんに「2号機を打ち上げるならスポンサーになりたい」とメッセージを送りました。

当社は2号機の単独スポンサーになり、機体のペイントデザインをさせてもらうことになったのです。もちろん、スポンサーとして出した資金はひふみ投信などのファンドからではなく、すべて当社の自己資金からです。

「信じて託す」のが投資家

初号機に続き、2号機も失敗に終わりました。しかも、20メートルしか上がらずに落下し、大爆発したのです。失敗の映像をご覧になった人もいるかと思います。自社のマスコットキャラクターの顔が描かれたロケットが炎上しているのを見るのは、本当につらい体験でした。

会社としては、3号機もスポンサーになるべきかどうか難しい判断でした。

それでも私は、投資というのは「**信じて託すこと**」だと日頃から言っています。それを自分たちが実践しなくてどうするんだ、という思いがありました。

一度スポンサーになったのに「失敗したから降りる」というのは、相場変動に動揺して投資信託を損切りして解約してしまうようなものでした。

一方で、私たちはロケットの専門家ではありませんから、失敗の原因を理解するのは難しい面があります。ＩＳＴの方々が真面目に頑張っていることはよく知っていますが、一生懸命に頑張る人というのはたくさんいますし、頑張っていても成功するとは限りません。

前半パートでも述べたとおり、投資には「運」の要素があります。

また、**投資家は、どれだけリスクがあるのかを理解したうえで、それでも挑戦することも重要です。** 3号機について検討している間は、投資家として「試されている」という感覚がありました。

その頃は、ひふみ投信の基準価額が下落すると、ツイッターなどで2号機が大爆発した瞬間の画像が貼られることもありました。「3号機が成功すればこれも笑い話になるだろう」と思っていましたが、また失敗すれば「そもそも藤野の選球眼は大丈夫なのか」と言う人が出てくることも予想できました。それでも私は、ＩＳＴのみなさんを信じて賭けることに決めたのです。

3号機の打ち上げは当初4月30日の予定で、私たちは29日から打ち上げがおこなわれる十勝《とかち》南部の大樹《たいき》町に入り、固唾をのんで見守っていました。スポンサーとしてできることは、もう祈ることしかありません。機体トラブルや強風の影響で打ち上げは何度も延期になりましたが、「もう何があっても驚かない」と肚《はら》も据《す》わりました。

射場から4キロメートルほど離れたところで朝日に染まる空を見ていると、「十勝晴れ」と呼ばれる美しい青空に向かって、爪楊枝の先ほどの点が白い光を放ちながら上っていくのが見えました。

「20メートル以上は上がっているな」と思っていると、その白い光はロケット雲を流しながら私たちの頭上にやってきました。高く上がったロケットは、花火のように真上に上がって見えるのです。

こうして3号機は無事に打ち上げに成功しました。会場は、大興奮に包まれました。

有言実行とリスク

自分の思いを周囲に伝える方法のひとつが「宣言」です。

「有言実行」は、ゼロ円で実践できるにもかかわらず、大きなリターンを生み出す源泉となる投資行動です。

先ほどのロケット事業は、まさに堀江さんの有言実行でした。「有言実行」とは、何かをやり遂げようと決意したときに、それを周囲にわかるように表明して、実際に行動することです。黙って実行する「不言実行」スタイルのほうが、カッコいいかもしれません。宣言をしておいて失敗することは、とても恥ずかしいことですからね。

しかし、リスクをとることで行動に移していく「有言実行」のほうが、これからの時代はうまくいく可能性が高いと私は考えています。

なぜなら、**宣言をすることで、周囲とのコミュニケーションが格段に広がっていくからです。**

「こんなことに挑戦してみたい」という夢や目標があれば、まずは口にして周囲に伝えてみましょう。

これは何も、「ロケットを打ち上げたい」という壮大なものに限りません。「自分で釣った魚を食べてみたい」という小さな目標でも構いません。

それをちょっとした雑談の場で話すようにしてみてください。

「あの人は○○をしたい人なんだ」

そうやって、**話が一人歩きしていくと、夢や目標は一気に実現に向かいます。**

どんな人でも、100人くらいの知り合いがいることでしょう。

たとえば、先ほどの「自分で釣った魚を食べてみたい」であれば、「魚」「釣り」「船」などのキーワードに接点を持っている人が数人はいるはずです。

その中から、あなたに協力したいと思ってくれたり、必要な道具を貸してくれたり、いいアイデアを出してくれる人が現れるかもしれません。

人は、自分と共通点のある人や興味が近いと思える人を見つけると嬉しくなる特性があります。

100人の知り合いは、さらに100人ずつの知り合いにつながっています。さらにその知り合いの知り合いをたどれば、100万人の人と繋がります。この「100万人の法則」こそが、「有言実行」が有効な投資手法になりえる秘密なのです。

「発信」はローリスク・ハイリターン

さらに今は、ツイッターやフェイスブックなどのSNSにより、有言実行の効果はますます強まっています。

「自分で釣った魚を食べてみたい」というのを、もっとアイデアを出して広げ、「船の上で自給自足生活をしてみたい」というチャレンジに変えたら、お金を支援してくれる人が現れるかもしれません。

なぜなら、今はクラウドファンディングなどで金銭的に応援する仕組みがあるからです。**「私は○○をしたい！」と旗を立てれば、それを面白がってくれる人が、お金を支援してくれる可能性だってあるのです。**

そんなメリットだらけの有言実行ですが、それを渋るのは、「口にして、できなかったらカッコ悪い」と感じるからでしょう。

しかし、そんなときこそ、「これって投資？　それとも浪費？」という自問自答の出番です。

宣言したことが実現できなかったとして、どれほどの人があなたを本気で責めるでしょうか。おそらく、ほとんどいません。

宣言することで、ヒト・モノ・カネが集まる時代です。そして、**夢や目標は大きければ大きいほど「言ったもの勝ち」になります。**

こんなにローリスク・ハイリターンな投資はないのです。夢や目標はどんどん外に「アウトプット」していきましょう。

また、こうしたアウトプットの効果は、それだけではありません。

「こんなものを食べた」「こんな映画を見た」「こんな本を読んだ」など、日常の行為は、やりっぱなしにすると消費したままの状態です。

映画を見たり本を読んだ行為も、内容を振り返らずにすぐに忘れてしまえば、ただ時間とお金を浪費しただけになります。

それが、**アウトプットをセットにすることで、あらゆる行為は「投資」に変わります。**

172ページで述べたように、これからは「体験」が重要です。体験の1つ1つが積み重なることで「あなたにしか語れないもの」が生まれます。それが、ひいてはあなたの価値を高める「資産」になるのです。

「勝負写真」を持っているか

アウトプットの話と関連して、ぜひおすすめの自己投資があるので、それを紹介しましょう。

というのも、私が投資家として、投資する企業を検討する際に、いつも欠かさずおこなっていることがあるのです。

それは、**企業のウェブサイトの社長の写真をチェックすることです**。なぜなら、社長の写真が載っていない企業への投資はうまくいかない可能性が高いためです。

今の時代、ウェブサイトに社長の写真が載っていない企業は、かなり減ってきました。それでもまだ、社長の写真がない会社は上場企業でも1割程度あります。

写真を見るポイントは、簡単です。

第一印象が「いい感じかどうか」、それだけです。

「いい感じ」というのは、社長がイケメンか美人か、ということではありません。その企業の伝えたいメッセージが写真から伝わってくるかどうかです。

社長の写真が、証明写真のように素っ気ない写真だったり、社内の誰かが撮影したようなスナップ写真だと悪印象です。社長の顔は、会社の顔でもあります。その写真に気を配らないのは、周囲に与える影響に無関心なのだという、逆メッセージになるからです。

その一方で、業績がいい企業は、プロのカメラマンによって社長の魅力を引き出した写真を使っています。**相手に「どう見られるか」を意識している企業は、自社の商品やサービスにも気を配ることができるのです。**

私の会社でも、定期的にプロカメラマンに格好いい写真を撮ってもらっています。

さて、これは企業経営者に限った話ではありません。

これからは個人の名前を売っていく時代です。

サラリーマンであっても、ぜひ一度、プロのカメラマンに写真を撮ってもらいましょう。

プロフィール写真をデータで持っておくと、さまざまな場面で使えて便利です。

ＳＮＳのアイコンや個人のウェブサイト、名刺などに使えますし、人前で話すときのプロフィールや、自分を売り込むときの資料など、フォーマルな場で写真が必要なときにも困りません。

ちゃんとした写真は、ビジネスや出会いのチャンスを劇的に増やします。ぜひ1枚、最高のワンショットを持っておきましょう。

プロのカメラマンは、あなたの新たな魅力を引き出してくれます。真面目さや親しみやすさなど、自分の「売り」になるキーワードが見つかるかもしれません。

プランやカット数にもよると思いますが、費用は1万〜3万円程度で収まるはずです。それだけの投資をする価値はあると思います。

「創作活動」で自分を表現する

夢や目標を宣言したり、プロフィール写真を用意しておくことのメリットを見てきましたが、これらには「恥ずかしい」という思いがつきまといます。

日本の学校教育では、自分の考えを発表する機会が少ないことも理由かもしれません。

「人の目にさらされる」という訓練を自主的にやっていく必要があります。

これは決して難しいことではありません。

作品をつくる創作活動を、日頃から1つだけやるようにしましょう。絵を描く、書道をする、歌をうたう、文章を書く、楽器を演奏する。なんでもいいと思います。

ちなみに私は、ピアノを弾くことが趣味です。自宅で弾くだけではなく、なるべく発表会に出て人前で弾くようにしています。

創作活動をすると、世の中にあるモノやサービスの見え方が大きく変わってきます。

前項で述べた投資家的な「視点」ともつながってきますが、**消費者としてお店にあるものを眺めるのと、生産者として「どうつくっているんだろう」「どんな工夫があるんだろう」と考えて手に取るのでは、見え方がまるで違います。**世界の見え方が大きく異なってくるのです。

ですから、創作活動で自分から表現をし、受け手の反応をみるようにしてみましょう。家族や友人に見せたり、SNSで写真や動画をアップするのです。こうしたアウトプットを当たり前のようにやっていきましょう。

ツールとしておすすめなのは、「note（ノート）」というウェブサービスです。文章や写真、イラスト、音楽、映像などを、ブログのように手軽に投稿できるサービスです。SNSとして使ったり、コンテンツを販売することもできるのがメリットなのですが、なにより、その使い勝手のよさが魅力です。

おそらくはじめは、何の反応もないかもしれません。しかし、続けていくうちに、「いいね」をもらえるようになってきます。

どうすれば「いいね」が増えるのか、それをトライ&エラーしていくと、どんどんあなたのつくるコンテンツの価値が上がっていきます。

1つの動画や絵、歌、演奏がバズり、一夜にして有名人になる人だって増えています。このチャンスを生かさない手はありません。

こうした行為は、あなたの生きた証を残す作業にもなります。まずは、創作活動の習慣を1つはじめてみて、発表会に出る、写真展に応募してみる、小さな個展を開いてみる、句会に参加するなど、発表の手段を増やしてみましょう。

投資家流タイムマネジメント

朝を制する人が主導権を握る

「お金はないけど、情熱と時間だけはある」

145ページでも述べたように、これは、ベンチャー起業家として成功する人が最初に必ず言うことです。

何もないところからでも、価値を生み出していく姿勢。 その1つのレッスンとして、ここから投資家的な「タイムマネジメント」を身につけていきましょう。

まず、私の朝のルーティンから紹介しましょう。私はフェイスブックで毎朝、「はろはろやっほー」とつぶやいています。これも私にとっては大切な時間の使い方であり、「自己投資」であるという認識です。

「毎朝、同じことをつぶやく」

それだけを聞くと、特別な行為でもなんでもないと思うでしょう。朝起きたら、「はろはろやっほー」とつぶやく、ただそれだけです。

たった1回では何の意味もありません。しかし、それが1週間、1ヶ月、1年、10年、20年と続いたらどうでしょう。

「毎日、明るい人だな」「はろはろやっほー」「朝から元気な人だな」と、**ポジティブなイメージに変わっていきます**。「はろはろやっほー」をつぶやかない日があったら、「今日はどうしたんですか？」「何かありましたか？」と心配されることだってあります。

会ったことのない人に、「あ、はろはろやっほーの人だ」と認識されれば、しめたものです。

お金はもちろん、大した時間もかけずに、「藤野さんは朝から明るい人だ」というポジティブなイメージを与えられる。そんな人生の大きなリターンを得る行為として、こんなにメリットの多い投資行為はありません。

人生において、一発逆転はそうそう起こりません。1万円で買った株式が一夜で1億円になることなんてありません。

142ページで述べたように、投資において大事なことは、長期的に複利の力でコツコツと積み上げていくことです。

その時間感覚を手に入れるための投資家的な「タイムマネジメント」とは、どのようなものなのでしょうか。

多趣味すぎるファンドマネジャー

投資家の仕事をしていてよく思うのは、「どんな体験もムダになることはない」ということです。

それは、**社会のすべての要素がマーケットを動かしているからです**。なるべく視野を広げて社会の仕組みについて理解することは、マーケットを深く知るうえで必須です。

私は、「多趣味すぎるファンドマネジャー」と呼ばれることがあります。

ピアノ、フルート、テニス、ダンス、カメラなど、趣味を通じて多様な体験を積極的に吸収することは、実は投資家の仕事にとても役立っています。

目の前の仕事だけでは、どうしても世界が狭くなります。

「忙しいでしょうに、よくそんな時間がありますね。ちゃんと寝ているんですか」などと言われることもしばしばです。

実のところ、本当は忙しいのです。まとまった時間なんてほとんどありません。

ただし、投資家流の時間の使い方をしています。

自問自答×5分＝継続

社会人となると、「暇で暇でしょうがない」という人は少ないと思います。

そうした状況で大切なのは、行動を「続ける」ことです。私は決して辛抱強い性格ではありませんが、継続することについては自信があります。

いろいろと試行錯誤して身につけたのは、「**5分だけやる**」という方法です。

ほかのビジネス書にも書かれていることかもしれませんが、これに勝る王道のやり方はないでしょう。

何かをはじめ、それをし続けるとき、大変なのは、「初動」です。

継続できない理由は簡単で、そもそも「はじめないから」なのです。

本パートの最初に、「これって投資？　それとも浪費？」という自問自答を説明しました。それが行動を起こす直前に考えてほしいことです。

次に、みなさんに考えてほしいのが、「5分」という時間なのです。

やろうと思っても「面倒くさい」「しんどそう」「明日にしよう」……と、後ろ向きな気持ちが湧くと思います。

そんなときに、「5分だけやったらやめよう」と高を括《くく》るのです。

5分なんて、すぐ経過します。スマホのタイマーをセットして、アラームが鳴ればやめればいいのです。読書でも楽器でも、「5分だけ」という気持ちでやってみましょう。**5分後、堂々とスパッとやめていいのです。**すると、不思議なことに、「もう少しやってみようかな」と、5分以上続いたりします。

つまり、最初のハードルをとにかく下げておくことが大事なのです。それは、「できない自分を認める」ということでもあります。自分に対する期待値が高すぎると、続けられない自分が嫌になってしまいますよね。**「どうせ自分はなまけものなんだ」と思うくらいの気持ちでちょうどいいのです。**5分だけやってみて、しばらくしたらやめて、気が向いたらまた5分だけやる。

そんなふうに、ダラダラとやっていれば、少しは前に進んでいきます。やる気があるときは、放っておいても勝手にできるものです。

「これって投資？　それとも浪費？」と自問自答し、少しのお金と時間を未来に回す感覚でよいのです。1冊の本を読む、1つの道具で趣味をはじめる、1回の食事を大切にする。それでOKです。

「八ヶ岳戦法」で攻めろ

もう1つ、時間のかけ方で大切な考え方があります。

「ニッパチ（2：8）の法則」という考え方です。経済学では「パレートの法則」ともいわれます。**「全体の数値の大部分は、全体を構成するうちの一部の要素が生み出**

している」という理論です。

たとえば、お店の全商品の売上の8割は、上位の2割の商品で生み出しています。あるいは、会社の全体の売上の8割は、2割の従業員が生み出していることもそうです。

逆にいえば、残りの8割は全体の2割の売上にしか貢献していないということです。

私はこの法則を、スキルの習得の時間に置き換えて考えます。

自分の時間の20%でスキルの達成度は8割になるけれども、そのスキルを100%に近づけるには残りの8割の時間をかけなくてはいけないのです。

これから半年で、1000時間の可処分時間があるとしましょう。それを1つの分野に集中させると、かなりよい成果が出ると思います。

ただ、私はそういうときは、あえて複数のことに取り組みます。200時間ずつ、5つの分野に取り組んだりするわけです。

1つの分野で完璧を目指すのではなく、5つの分野で8割の出来を目指すのです。

その5つの組み合わせで勝負するというのが私の考え方です。

私はこれを「八ヶ岳《やつがたけ》戦法」と名づけました。八ヶ岳は1つ1つの大きさでは富士山に敵わないかもしれません。しかし、連峰をなすことによって全体で美しく、1つの個性となっています。

実業家の堀江貴文さんは著書の中で「多動力」という表現をしています。また、教育改革実践家の藤原和博《ふじはらかずひろ》さんは、100人中1人（1%）になれるスキルを3つ掛け合わせることで、「100万人に1人のレアカードになれ」と説いています。

私の「八ヶ岳戦法」も、根底は同じ主張です。

日本ではどちらかというと「1つのことをコツコツ極める」ことが美徳とされてきました。

しかし、これから技術の進化の速度はどんどん速くなります。1つのことを突き詰める生き方は、リスクが高くなってしまいます。

サラリーマンにおいても、タテ割りの業界を横断して、ヨコのつながりをつくることで生存率を高める必要があります。

ベンチャー企業の経営者には、ヨコのつながりを生かし、新たな事業領域を切り開いた人が多くいます。日ごろから異分野にアンテナを張り、多くのことを同時並行でこなす能力があってのことでしょう。

時間の「質」に気づけるか

さらに時間の使い方について見直していきましょう。

リスクをとってチャレンジする人に共通するのは、「朝に強い」ということです。

サラリーマンであれば、朝の誰もいない時間に出社するだけで、あなたの価値は確実に上げられます。

早起きは、非常にシンプルかつ最強の自己投資です。

56ページでも説明したように、時間は全世界の人々に平等に与えられた資産です。

早起きのスキルは、学歴も性別も、お金持ちであるかとか、イケメンであるとか、人脈があるかどうかとも関係ありません。

とにかくただ朝早く起きて早めに会社に行くだけ。今の自分の能力や条件とまったく関係なく、「やる」と決めて実行するだけです。

朝起きて、「あと10分寝たいな」と思っているその10分の間に、起業家はメールをさばいたり、新しいことを学ぶ勉強時間に充《あ》てたりしているのです。

二度寝をしてしまっては、単なる浪費になってしまう朝の時間を、価値を生み出す投資の時間に変えましょう。


とはいえ、私もなかなか二度寝の魔力には勝てないことも多いです。

根性ではどうにもならないと思うので、考え方を変えなくてはいけません。

「前業」という考え方があります。

17時になっても仕事が終わらず、残業をする人は多いことでしょう。しかし、**その残業時間を前もって朝に済ませておけばどうでしょう。**

朝の時間を投入して、ゆったりとしたアフター5を過ごすことで後からトクをする。まさに、投資家的な生き方です。

やるべきことを先送りして毎日残業をしている人生は、大きな借金をして返済に追われる人生と同じです。

どうせ残業をするのならば、朝の早い時間から仕事に取り掛かる。そういった未来を先取りする生き方をしましょう。

人生の「成長」が止まる瞬間

私が新入社員で入った運用会社の同期の仲間で、まさに「朝の時間」を利用している人がいました。

彼は毎朝、一番に誰もいない会社に来て、机をきれいに拭いたあと、証券アナリストの勉強をしていました。資格を取得したあとも、彼にとっては朝の勉強がクセになり、他の勉強を続けていたのです。

その後、働きながら日本の大学院へ進学して首席で卒業し、さらにその成績を引っさげて、ニューヨークの大学へ行きました。彼は今、米国の大学で有名な学者になっています。その原点にあるのは、間違いなく朝の勉強習慣でした。

私自身も、大学では法律を学んでいたので、ファンドマネジャーの仕事に就いた当初は専門知識がなくて苦労しました。簿記、証券投資論、マクロ経済、ミクロ経済、財務諸表分析、経営学……すべて大学を卒業した後に学んだことです。

それらの勉強には、朝の時間を活用しました。おかげで資格の学校に通わなくても何とかなり、こうしてファンドマネジャーとして活躍できているだけでなく、法学部専攻だったのに明治大学の商学部で教えるまでになりました。大学卒業後も専攻以外の分野を学び、大学の先生にまでなることだってできるのです。

社会人になると、多くの人は驚くほど勉強しなくなります。大学受験を最後に、社会人になるとパッタリと学ぶことをやめます。

しかし、大学を卒業してからの勉強習慣のほうが、受験時代の勉強よりも多くの差を生みます。**勉強をやめた人は、人生の成長が止まります。**そこから脱するためにも、朝の時間を投資するようにしましょう。

「学び」については次のパートで詳しく述べますが、考えてみれば大学の専門課程なんてたったの2年間です。社会人の生活はもっともっと長く、65歳まで働いたとすれば40年以上もあるわけです。

その間にも各分野の技術はどんどん進歩していきますし、科学や医学はつねに新しい情報が常識を覆す可能性を秘めています。

それらは他分野にも影響してきます。**一度学んだからといって、経済学や法学の知識は完成されるわけではありません。**

忙しいからといって、インプットすることを怠ってしまうと、どんどん時代から取り残されることになります。そうならないための「時間」をつくり出すのです。

まずは朝早く出社するところからはじめ、「前業」「勉強」に使ってみましょう。

後からトクする時間術

時間という有限の資産を自分のために使うには、やはりシンプルですが「予定表」は必須です。

1日の時間配分だけでなく、週間、月間、年間にわたって長期的な予定を俯瞰《ふかん》するのです。そうすることで、浪費する時間から投資する時間へ変えていくことができます。

前もって手をつけておいて、後から余裕を楽しむ。そういった長期的な投資家の視点を持つようにしましょう。

スケジューリングのコツは、先に「仕事以外」の予定を入れることです。「ヒマになったら旅行をしよう」「仕事が落ち着いたら交友関係を広げよう」と思っていたら、永遠に旅行もできませんし、飲み会にもいけません。

私の場合は、ピアノとフルートのレッスン、トレーニングの予定を先に決めてしまいます。

また、**予定を詰め込みすぎないために「何もしない時間」を必ず確保しておきます。**そうすることで、突発的な仕事に対応できるよう、リスクヘッジをしているのです。

以上、投資家みたいに生きる習慣として「視点」「アウトプット」「タイムマネジメント」について見てきました。これらは、あなたの人生の質を高めるベースになるので、日頃から磨いておきましょう。

習慣2

長い人生で「必要な資産」を増やす

見えない資産を増やそう

このパートでは、あなたの「見えない資産」にフォーカスをします。

「見えない資産」とは、93ページでも述べたとおり、お金や土地など目に見えるもの以外の資産です。

「スキル」「健康的な体」「幅広い人間関係」など、**パッと見ではわからない資産をどれだけ自分に溜め込んでいるかで、人生の難易度は変わってきます。**

資産の話となると、『金持ち父さん 貧乏父さん』（筑摩書房）のように、不労所得を得ることを想像する人が多いです。

しかし、ここで私が言いたいのは、そのような難しい方法ではありません。あくまで毎日のちょっとした習慣を変え、定年以降も長く働いていくための方法です。

ビジネスの世界において、「見えない資産」の代表格はブランドでしょう。

今、世界の主導権を握っているのは、GAFAを有するプラットフォーム大国のアメリカと、AIや5G産業などの技術大国になりつつある中国ですが、ヨーロッパの国々は、長年培ったブランドの力で存在感を出しています。

ヨーロッパのブランド力からは学べることが多いと思います。

たとえば、2つのカバンを比べたときに、カバンとしての機能性において差がないとしても、ブランドのタグが付いているほうは価値が何倍にも跳ね上がります。

個人においてもブランド力を高めることが求められています。とはいえ、難しいスキルは必要ではありません。長い時間をかければ、ある程度の信頼は誰でも得ることができるからです。

有名ブロガーやYouTuberは、たった一夜で生まれるわけではなく、誰も注目していないときから、水面下でコツコツと文章や動画を作成し、徐々にファンを増やすことからはじめています。

そうやって地道に努力していることが下地にあって、あるときにブレイクスルーする瞬間が訪れるのです。

今すぐ「評判」を得る方法

まず、誰でも簡単に、今すぐ評判を得られる方法が1つあります。みなさんも知っていることです。

それは、「挨拶」です。

「なんだ、そんなことか……」とガッカリする声が聞こえてきそうですが、**私は投資家としての経験上、「挨拶」の威力を何度も思い知りました。**

前パートでは「はろはろやっほー」の例を紹介しましたが、誰でもゼロ円でできてリターンを得られる行為は、やらない理由が見つかりません。

実は、私がファンドマネジャーとして投資先を検討するとき、「挨拶」が重要なポイントになっていることがあります。会社訪問をしたときに、社員が気持ちよく挨拶をしてくれるかどうかは、その会社の活気を見るバロメーターになるのです。

特に印象的だったのは、前澤友作《まえざわゆうさく》社長で有名な会社、ZOZOでした。すれ違う社員のみなさんから、元気で気持ちいい挨拶をしてもらいました。

こういう会社は、長期的に成長が期待できることが多いです。

逆に、業績が落ちはじめている会社は、社員の気分も落ち込みがちになります。会社訪問をしても、挨拶されることは少なく、顔の表情もどこかお疲れ気味です。

「挨拶」と「会社の勢い」が連動している例は、私の経験上、挙げ出したらキリがありません。

なんだったら「会釈」でもいい

元気な挨拶は、周りの人の気持ちを明るくできますし、人の気持ちが明るくなれば、必ずあなたの気持ちも明るくなる。あなた自身が1日を明るい気持ちでスタートし、あらゆることに前向きに取り組めるようになるのです。

さらに人はあなたのことを「元気よく挨拶する人だ」と覚えますし、周囲を明るくさせる存在として評価することになります。

大きな声で挨拶できるに越したことはないのですが、かくいう私も大きな声で毎日「おはようございます！」と言えているかというと、どうしてもできないときもあります。

そんな日は、目を合わせて「会釈」だけはするようにしています。

こんな簡単なことが自己投資なのかと思うかもしれません。しかし、**実際に会釈やお辞儀すらできないような人が、社会にはたくさんいるのです**。そして、やらない人が多いからこそ、やったぶんだけ「差」がつきます。

簡単なことをいつもできることのほうが、よほど価値があることです。

「ありがとう」を連鎖させよう

朝の挨拶のほかに、もう1つ、ぜひ実践していただきたい投資があります。

お店で買い物をするときに、「ありがとう」と伝えてみてほしいのです。

「ありがとう」と言うことが、なぜ投資につながるのでしょうか。実は、**よい投資家**

になるための第一歩は、「よい消費者」になることだからです。

実際に私が会社の近くのコンビニで観察してみたところ、レジで「ありがとう」と言葉に出す人は10人に1人くらいの割合でした。

ほとんどの人が無言で支払い、品物を受け取って帰ります。こういう光景はあまり海外では見られないことです。こんな状況では、店員さんも働く喜びを感じにくいと思います。

コンビニに限らず、飲食店やサービス業の人も、お客さんから感謝を示されてこそ、やる気が出てくるものです。「もっとお客さんに満足してもらうために何をすべきか?」を考えてくれるようになるのが、人として自然なことです。

「ありがとう」を言ってくれるかどうかは、仕事のモチベーションに関わる大きな問題なのです。経済を回しているのは、「お金」だけだと思われがちですが、私はそうは考えていません。

本書の前半パートで語った「投資のエネルギーの話」を思い出してください。

「ありがとう」というひと言は、相手のやる気につながり、経済の輪として広がっていき、やがて自分のところに返ってきます。

「ありがとう」の循環を、あなたのところで止めないようにしましょう。

「褒めること」はタダ

投資家みたいに生きるには、普段のコミュニケーションでさえ、将来のための「投資」に変えていく姿勢が大事です。その際にもっとも手軽で効果的な行動なのが、「人を褒める」ということです。

以前、著名コンサルタントの堀紘一《ほりこういち》さんから、こんなジョークを聞いたことがあります。

「『褒めること』と『謝ること』にはコストがかからない。効果絶大。さらにすごいことに税金もかからない」

人を褒めるのにお金はかかりませんし、税金もかかりません。相手との関係性をよくすることはあっても、悪くすることはありませんから、まさにノーリスク・ハイリターンです。

ただし、褒めるといってもちょっとしたコツがあります。何でもかんでもおだてればいいかというと、それは違います。

ちゃんと相手が「褒めてほしい点」を褒めてあげるのがポイントで、本人がコンプレックスに感じていそうなことには触れないことです。特に異性に対しての場合には、こちらがよかれと思って発言したことも、相手を傷つけたり嫌味に聞こえたりすることがあります。

努力の「痕跡」を見つけよう

相手の持っている小物についてコメントするというのもよい方法の1つです。

たとえば、ペンや名刺入れ、バッグなど、相手の持ち物でキラリと光るものを見つけたら、すかさず口にしてみてください。

「それ、素敵ですね。どこで買ったんですか？」

「その色すごく似合っていますね」

自分が選んだ持ち物なら、褒められて悪い気がする人はいません。

さらに褒め上手になっていくには、相手の普段の行動をよく観察していくことが大事です。その人が努力している点や意識的に伸ばそうとしている点を見つけて褒めるようにすると、相手はとても喜んでくれます。

「スケジュール管理が完璧ですね」

「新しい髪の色、すごく似合っていますね」

というように、その人が意志を持って行動を起こした「痕跡《こんせき》」を見つけて、ポジティブな言葉にしてみるのです。

「新たに会った人は、3つの褒めるポイントを探す」

そんなルールを設けてもいいかもしれません。

褒められた人は覚えているものです。覚えてもらえるということは、つまりチャンスが増えていくわけです。

「人を褒める」ことは「相手に関心を持つ」ことからはじまります。

「人の変化を見る」ということは、「世の中の変化を見る」ことと同義です。これを日常的にしていくうちに、あらゆることにチャンスを見出す「投資家的な視点」が磨かれるのです。

ここからさらに具体的に、日常生活を通してあなたの「見えない資産」を増やす方法を紹介します。キーワードは、「人間関係術」「自分磨き」「学び」です。それでは説明していきましょう。

投資家流の人間関係術

付き合い方のポートフォリオを組む

人生を変える方法は、3つあると言われています。「環境を変える」「時間の使い方を変える」、そしてもう1つが、「**付き合う人を変える**」です。

1つ目の「環境」は、サラリーマンの場合は、すぐには難しいかもしれません。転職や起業、結婚などのイベントはそう滅多に起こりませんからね。

2つ目の「時間」については、前パートで述べたとおりです。朝の時間を有効活用することで、人生の主導権を握りましょう。

そして、3つ目の「付き合う人」について、ここでは説明していきます。

人間関係において、お金や時間を「浪費」しているなと思うのが、同世代や同じ会社での飲み会です。

もちろん、数ヶ月に一度くらいの頻度であれば、人間関係を続けるためにも必要なことです。しかし、毎週のように同じメンバーで会って、上司のグチや同じ話ばかりしていては、行き着くのは社畜のような人たちです。

希望を最大化する人たちは、年をとっても考え方が柔軟で、一緒に話をしていると、いつまでも若々しいなと思わされます。それは、楽な人間関係に流れるのではなく、若い人や年配の人とも付き合い、刺激や学びを得つづけているからです。

何より、私自身が人間関係で最も気をつけているのが、「私たちはみんな同時代人だ」という意識を持つことです。

「同時代人」というのは、「生まれた年は違っても、今、この時代を生きている」という意味では誰もが同じ体験をしている、という思考です。

同世代でくるのではなく、同時代でくるのです。ちょっとした発想の転換なのですが、不思議と「同じ時代を生きる仲間」だと感じられますし、世代を問わず思いを同じくする素晴らしい人との出会いにも恵まれるようになります。

人生で差をつけるためにも、自己投資として、今の人間関係をアップデートする方法を具体的に考えていきましょう。

属性を「ズラす」

同じ世代、同じ職業、同じ性別。

そんな人と付き合っていると、共通の話題も多く、話も合って楽しい時間になることでしょう。しかし、先ほども述べたように、そればかりだと視野や思考がどんどん閉じていきます。

投資においても、1つの企業に全資金を投じてしまうのではなく、さまざまな企業に分散させたほうがリスクを下げられます。人付き合いも同じです。

193ページでも述べた「八ヶ岳戦法」を思い出してください。

その際、年代・職業・性別を意識してズラすようにしてみましょう。

あなたがもし、「30代・銀行員・男性」であるのならば、20代や40代以上の他業界の人と、男女分け隔てなく会うようにしましょう。

別の職業の人と会うのは、いきなりだと難しいかもしれません。しかし、**違う部署の人を誘ってみたり、得意先などの少し共通点がある人と食事に行くことならハードルが低いでしょう。**

「自分と違う要素を持っていること」、それを意識するだけで、人間関係は劇的に変わります。

「今月は若い世代の人たちと絡んでいないな」
「流通業界の人と会ったから、次は小売業界の人の話を聞いてみたいな」

そのように、**人間関係のポートフォリオを意識して組めるようになりましょう。**もし、同じ要素の人たちばかりの飲み会が続くようならば、思い切って断る勇気も必要です。

人付き合いにメリットを求めるのは非常識だと思っている人もいるかもしれませんが、「これって投資？　それとも浪費？」という自問自答をし、主体的に人間関係を築くことは、これからの時代に必要なことです。

「年代」を超える方法

若くして上にのぼりつめる人には、共通点があります。

それは、**「年上から可愛がられる」**ということです。

もちろん、自分の能力だけでのし上がるほうがカッコいいかもしれません。

しかし、社会に出ると、上の立場の人から引っ張り上げられることが成功のきっかけになることがほとんどです。

「こいつは何かやってくれるはずだ」

そんな期待を上の世代から持ってもらうのです。

身近なことでできることだと、まずは会社の上司を昼食に誘ってみることです。きっと上司は喜んでおごってくれるでしょう。

「あいつにはいつもたかられるんだよ」なんて言われるくらいでちょうどいいのです。

また、**人間関係において、「おすすめされたものを試す」という方法は威力抜群です。**

「最近何か面白い本はありませんでしたか」

「最近、何の映画を見ましたか？」

そんな質問を習慣にしてみてください。そして、教えてもらったら「その本を貸していただけませんか？」と頼んでみましょう。多くの場合、喜んで貸してくれるはずです。人は自分が感動したものを誰かと共有したいという思いを持っているからです。

新しい知識や気づきを得ながら、教えてくれた人とも仲良くなれてしまう、まさにコストがかからずにリターンの高い画期的な投資方法です。

また、私の経験上、ゴルフ、お酒、カラオケの3つは、年配の人たちの大好物です。もし、1ミリでも興味があるのであれば、それを入り口に仲良くなることができるでしょう。そう言うと打算的かもしれませんが、きっかけなんてそんなものでいいのです。やってみて、もし自分に合わなければ、すぐにやめればOKです。

それに、それらには実際に多くの人をひきつける「ハマる要素」があるのです。どんなものにも、ビジネスで必要な要素が含まれています。

また、ゴルフが趣味だという若者は、一気に「少数派」になれます。自分の価値を高めるには、マイノリティを恐れてはいけません。

「昔話」は死んでもするな

さらに、意識的に「年下」とも付き合うようにしたいものです。若いうちは教えを請《こ》うほうが多かったと思いますが、今度は教える側に積極的に回っていきましょう。自分の時間を使って「教える」という行為はリターンが少ないことだと思うかもしれませんが、そんなことはありません。

自分の身になるということは、相手に説明ができて、伝えることができることです。感覚でわかっていることも、いざ言語化しようとすると難しいものです。私の投資の考えも、こうして文章を書いたり、人前で何度も話すことで磨かれていきました。スキルや能力は自分だけで囲い込まず、積極的に伝えるようにしましょう。

ちなみに、私は明治大学で20年ほど講師をしていますが、なぜ続けているかというと、大勢の年下世代と継続的に交流できるからです。

年下世代が何を面白がり、どんな不安を感じているのかを知ることは、仕事でもプライベートにおいても大きく役立っています。

そして、年下世代と交流する際には、NGワードがあります。それは、「自分の若い頃はこうだったから」といった、「昔のほうがよかった」論です。昔と今を比較して、今のいいところを見つけるのであればかまいませんが、逆の思考は危険です。

投資家的な考え方は、つねに「未来」を見ています。過去より今、今より未来。確実に世の中は成長していると信じることが投資家的な生き方です。

「昔はよかった」と、過去を美化して話したくなる気持ちはわかりますが、ぐっとこらえましょう。

目の前の若い人も「同時代人」として生きていることを忘れないようにするのです。

「他業界」とつながる

アーティストやアスリート、芸能人、映画監督などで成功を収めた一流の人たちは、業界を超えて高い次元の会話ができると言います。

どんな業界でも、1つのことを突き詰めると、共通点や法則などの「同じ景色」が見えるのかもしれません。

そして、そうなって初めて、相手と「対話ができる」のです。


私は20代のとき、外資系企業で働く経験をしました。

職場にはあらゆる国籍の人がいたので、最初から「文化が違う」という前提がありました。そうすると、「同じ属性の人としかつるまない」なんてことは誰もしません。**業界や属性を超えて「共通点」を見つけたり、「共感」をする。**これこそがコミュニケーションの本質です。


定年を迎えた男性は、家に閉じこもったり、外に居場所がなくなる人が多いようです。それは、会社の中でしか人間関係を築いてこなかったからです。

会社の名刺を失った瞬間に、ただの1人の人間となってしまって外に放り出されます。そうなってから、他者と一から関係を築いていくことは難しいことなのです。

定年後でも「私は、〇〇社の部長だった」などと、過去の肩書きにしがみつき、相手をマウンティングする人もいます。そうなってしまっては、もう自分の人生を生きることができません。

業界人という言葉もありますが、それぞれの業界には独特の「業界臭」というものがあります。

その業界でしか通じない考え方や習慣、風習が、いつの間にか個人にも染み付いてしまうものです。

似たもの同士は、お互いにすぐに理解し合えるので、コミュニケーションコストが低くなります。ある意味、合理的であるし、効率的でもあるのですが、**常識や前提があると、コミュニケーションに付加価値やイノベーションが起きにくくなります。**

イノベーションというと大袈裟に聞こえるかもしれませんが、冒頭でも述べたように、「付き合う人を変えると人生が変わる」のです。

自分とは思考パターンや行動パターンの異なる人と会うことで、あなたの思考や行動に変化が起こります。そういうコミュニケーションをするようにしましょう。

「知ったかぶり」はソンをする

社会には多様な仕事があり、いろいろな人がいます。立場が違えば、ものの見方や考え方も大きく違ってきます。他業界の人と知り合い、「どんな仕事の進め方をしているか」「どんなやりがいがあるのか」「どんな問題を抱えているのか」を質問してみましょう。

他業界の人と付き合うときのコツは、「知ったかぶりをしない」ということです。

知らない言葉が出てきたら、恥ずかしがらずに「それってなんですか？」と聞く。自分の常識と違うなと思ったら、すかさず「なぜ？」を繰り返す。

そうすることで、人と会っている時間が学びの時間に変わります。

フランチャイズビジネスで成長を続けるG－7ホールディングスの会長、木下守《きのしたまもる》さんは、とにかく「人に会いにいく」ことでビジネスを切り開いてきた方です。

新聞や雑誌を見ていて、「面白い人だな」と思ったら、すぐに電話をかけて会いにいくそうです。

「あなたに興味がある」と主体的に行動することで、そこからビジネスを広げていくのです。

まして今は、SNSで誰とでもつながれる時代です。**ちゃんと自己紹介をし、自分の思いを伝えることができる人は、チャンスが無限に広がっています。**

「会社内だけ」「同じ業界の人だけ」という浪費的な人間関係は卒業し、リターンを生む投資的な人間関係を築いていきましょう。

「地縁・血縁」を再評価する

「人脈が広い」「コネがある」という言葉は強みとして使われます。

そのような「人的資産」は特別な人にしかないと思われるかもしれませんが、そんなことはありません。

大学や高校の同級生は何人いますか。もっとさかのぼって、中学校や小学校の同級生まで含めると何人ですか。

きっと膨大な人数になるでしょう。今、思い浮かべた同級生はみんな、あなたの「資産」なのです。

共通点が1つあることで、人と人の距離はぐっと縮まります。

大人になってからも、「出身地が同じ」「最寄駅が同じ」という共通点が見つかると、一気に距離が縮まりますよね。

自分の人生を振り返ったとき、同じ学校、同じ出身地で接点があった人たちは、すでに知り合いであり、交流を深めるベースができあがっています。

それは、「地縁」という貴重な人的資産なのです。

ただ、**人的資産はメンテナンスをしなければ、価値を失ってしまいます。**

この資産をもっと活用してみましょう。いわゆる「地縁」を再評価するのです。

フェイスブックなどのSNSで、人的資産はストックしておきましょう。積極的に「いいね」を押したり、コメントを残すようにしましょう。

ただ、SNS疲れという言葉もあるように、義務的にやると疲れてしまいます。あくまで、「本当にいいねと思ったときだけ」と、気楽に付き合うようにするのがおすすめです。

さらに「地縁」だけでなく、「血縁」にも目を向けてみましょう。生まれた故郷をベースにした親戚ネットワークです。叔父さんや叔母さん、従兄弟など、あなたのバックグラウンドに存在する親戚との関係は、希薄になっていませんか。彼らもまた、あなたの強力な味方やアドバイザーになり得る人たちです。

盆と正月にしか会っていなかった親戚とも、あらためてお互いの仕事や専門分野について話し合ってみてください。 親戚同士という信頼関係のベースがあることは、とても大きな資産です。

あなたは特に努力をしなくても、すでに「地縁」と「血縁」という豊かな人脈を持っています。当たり前と思って見過ごすのではなく、あらためて資産として評価することからはじめてみてください。

大人になってからの「友達づくり」

社会人になってから人的資産が枯渇《こかつ》する人がいます。

それは、**会社と家の往復になっている人です。**

学生時代の友達も、結婚して子どもが生まれると、徐々に疎遠になります。

あなたはどうでしょう。大人になってから友達は増えていますか。「出会いがない」が口グセになっていないでしょうか。

もし、5年前と同じ人間関係の付き合いしかないとすれば、少し焦ったほうがいいでしょう。

それでは、どうすればよいのでしょうか。その鍵は、「趣味」にあります。

190ページでも述べたように、私は「多趣味すぎるファンドマネジャー」と呼ばれることがあります。ピアノ、フルート、テニス、ダンス、カメラなど、たくさんの趣味を持っているからです。

今、「コミュニティ」という概念がブームになっています。

家と会社の中間にある「第三の居場所」の価値が、どんどん上がっているのです。

まずやるべきことは、仕事以外の趣味の場所を持つことです。

趣味には「人とつながる」という重要な力があります。『釣りバカ日誌』のハマちゃん（平社員）、スーさん（社長）の関係のように、好きなものを通じた交流は、肩書きを超えて立場をフラットにしてくれるのです。

趣味の「旗」を立ててみる

私にとってのコアの趣味は、4歳から続けているピアノです。ピアノを誰かと弾き合う機会があればと思い、ピアノサークルを主宰しています。

「ツイッターピアノの会」、通称「ツイピの会」といいます。

ツイッターやフェイスブックなどのツールを使えば、人を集めて「ピアノの弾き合い会」ができるのではと思い、2010年に数人で立ち上げました。

まさに、1つの旗を立てたのです。

それが各地に広がり、全国に14ヶ所、会員も800人を超える巨大コミュニティに育っています。参加者は年齢も職業もバラバラで、学生からシニアまでいます。ピアノの腕にもバラつきがあり、たどたどしく弾くような人から、プロ顔負けの人までいます。

集まった人に共通しているのは、「ピアノが好き」という思いだけです。

「僕はショパンの演奏をこう弾きたい」「そこは小指を立てたほうが弾きやすいよ」といったマニアックな話は、日常会話ではできる機会が少ないでしょう。

「ツイピの会に入って人生が変わった」

そう語る人が何人も現れています。私の知る限り、会の仲間同士でこれまで20組以上がここで結婚し、結婚前提に付き合っているカップルもたくさんいるそうです。

元々の私の1つの思いが、知り合いの知り合いを呼び、普通だったら出会えなかった人たちをつなげているのです。

会のコンセプトは、とにかく「ゆるく」です。名簿もなし、会則もなし、会費もとらずに費用はすべて現地精算です。運営もそれぞれの地域の幹事に任せて、私は総幹事という立場で広めていきました。

おそらくフェイスブックやツイッターなどのSNSの存在が、ゆるいコミュニティづくりには欠かせないものだったのでしょう。

「情報のハブ」になれ

あなたもぜひ、会を主催する側に立ちましょう。

「これ、みんなも好きじゃないかな？」と思えることがあれば、それを軸に企画してみるのです。

このときに大事なのは、専門家である必要はないということです。ハードルはできるだけ下げておくのが、人がたくさん集まるポイントです。

飲み会や交流会は、職場などでも起こるイベントだと思います。そのとき、幹事を誰かに押し付けていませんか。

たしかに、店選びや人数調整は面倒かもしれません。しかし、イチ参加者であることは、投資家的にはもったいないと思うのです。

投資家として大事なのは、「情報のハブ」になることです。

人間関係は、フラットにつながっているように見えて、実は人々の重なりの濃度が異なります。**つねに中心にいる人に情報は集まってくるようになっています。**

「これはあなたに伝えたほうがいい」

そう言ってもらえる人をたくさんつくることで、人生において圧倒的な情報格差が生まれるのです。

そうすると、「幹事」は、簡単に情報のハブになれるチャンスでもあるのです。

幹事は、参加者全員と連絡を取り合う役目です。「最近どうですか?」といった近況連絡、「おすすめのお店」といった店舗情報が集まります。飲み会がはじまる前から、いろいろな情報が幹事に集まってくるのです。

また、**飲み会で気の合った人とは一期一会にしないことです**。そのときに、幹事をやっていると、その後の連絡などもスムーズです。飲み会が終わった後にお礼のメールが来ることもありますし、こちらからも「ゆっくり話せなかったけど、また後日ゆっくり話しましょう」などと気軽にアプローチすることができます。

以上、こうした人との付き合い方の「ひと工夫」が、あなたの「人間関係」という見えない資産を大きくしていきます。ぜひ、投資家的な視点から見直していきましょう。

投資家流の自分磨き
印象に残るひと工夫を

本書の前半でも述べたとおり、やみくもに貯金をしている人は、不安に取り憑《つ》かれて生きることになります。

そこから脱するのに、いきなり大きな投資をはじめるのではなく、ちゃんと「自分のため」にお金を使ってみるのは、非常にいい選択肢だと思います。

特に、**10代や20代の若いうちには、少しでもいいから「自分のため」にお金や時間を投資したいものです。**

「自分のため」というのは、専門知識や教養、スキルなどの内面の価値を磨くための自己投資と、外見を磨いて好印象を持ってもらうための自己投資に分かれます。

会社だけに頼って生きていけない時代には、この両面を並行して磨くことが求められます。

私は投資家ですが、76ページでも述べたように、「好き嫌い」の軸を大切に生きています。「この会社に投資したい」「この人に賭けてみたい」と思える起業家や経営者は、内面と外見のバランスがとれている人がほとんどです。

どちらか一方の力だけでなく、両方が揃うことで初めて社会では機能することを学んでいるからでしょう。

ここで勘違いしてほしくないのは、外見への自己投資とは、ブランド物や高いスーツを身につけて相手を刺激することではないということです。

簡単な自己紹介と数十分の会話だけで、「なんかこの人、いいな」「また会いたいな」と思わせる力があるかどうかが大事なのです。

前項で紹介した「人間関係」のパフォーマンスを最大化するためにも、第一印象を戦略的に良くすることがこれから大切になってきます。

「自己紹介」をバカにするな

人との出会いを資産に変えていくためには、「また会いたいな」と思わせる必要があります。

その第一歩が「自己紹介」です。

人の第一印象というのは、案外バカにできないものです。その後も関係が続いていったときに、「最初は良い印象じゃなかったな」ということは案外ずっと覚えているものです。

ちょっとした挨拶や人からの紹介のチャンスを逃さないためにも、自己紹介には「ひと工夫」を施したいものです。

自己紹介は、自分の価値を相手に伝えるための「プレゼン」です。

毎回アドリブで自己紹介するのではなく、一度ちゃんと事前準備しておくと差がつきます。プレゼンだって、資料をあらかじめ用意しておくことで上手にアピールできるわけですからね。

自己紹介は、大きく2パターンに分かれます。

名刺交換のついでに簡単に自分について話すときは、「30秒」。大勢の前で話す機会や、人に正式に紹介されるときは、「3分」がベストです。

よく、異業種交流会などで押し売りのように自分のことを延々と話す人がいます。ひどいときには、幼少の頃からの生い立ちまで語る人もいます。

あなたの講演会ではないのですから、限られた時間内で要点だけを伝えるようにしましょう。

30秒で「好き」を伝える

30秒の自己紹介は、名前と所属と「今やっていること」くらいに留めます。過去や未来の話は置いておき、あくまで今もっとも関心があることで、相手にも関連する話を選ぶことがベストです。

ここで思い出していただきたいのは、174ページの「旗を立てる」ことです。

「運転手の仕事をしていて、プライベートでも車が大好きです」

「昔から動物が好きで、今は犬や猫に関するボランティアをしています」

というように、**「好き」を伝えるのがポイントです。**

「高級外車に乗っています」「高いペットを飼っています」など、自己紹介の場で、つい自慢話をしたくなる人もいるかもしれませんが、ぐっと堪えてください。

相手が食いついてきて質問されたら話すのがマナーです。

3分で「鉄板ネタ」を伝える

次に、3分の自己紹介についてです。

30秒の自己紹介に加えて、起承転結のあるエピソードを1つ話すのがベストです。

本書でも書いたとおり、私の場合は、「ブラジャーで育ったファンドマネジャーの話」や「日本一多趣味なファンドマネジャーの話」をするようにしています。

ここでのポイントも、先ほどの30秒のパターンと同様に、自慢話にしないこと。あと、できればつかみとして「笑い」をとれる話がよいでしょう。

笑える程度の失敗談や自虐ネタは、人との距離を縮めるのに効果的です。3パターンほど用意しておき、適宜、使い分けるようにしましょう。

この2つの自己紹介は、できれば文章に書き起こして、スマホなどでいつでも見られるようにしておくのがおすすめです。

たかが30秒や3分だけで、「この人は近寄りがたい人だ」と思われるのと、「とても親しみやすい人だ」と思われるのでは、人生が大きく違ってきます。

24時間365日、つねに自己アピールできる状態にしていれば、あなたの成長は加速し、チャンスは広がることでしょう。

「名刺」は情報の宝庫

私は投資先に会社訪問するとき、1つの習慣を大事にしています。

それは、先方からいただいた「名刺」をじっくりと観察することです。

名刺には、その会社の文化や体質がよく表れています。

明るいデザインか、落ち着いたデザインか。文字情報だけなのか、写真を使っているのか。最低限の情報なのか、裏に細かな情報が書いてあるのか。

これらはすべて相手の情報になります。

名刺を受け取ったら、すぐに名刺入れにしまわず、ひと通り目を通します。そして、2〜3個ほど質問をするようにしています。

人は、質問をされると、「自分に興味を持ってくれている」「この人は味方だ」と錯覚をするものです。

このときに大事なのは、特に気の利いた質問でなくても大丈夫だということです。

「社名の由来はなんですか？」

「なぜ、この場所にあるのですか？」

そのように目についた情報を深掘りしてみてください。

口下手でも、きっと相手と距離を縮めることができるでしょう。

思い出してもらう「きっかけ」づくり

そのように私が名刺の力を信じているのは、ある出来事があったからです。

以前、『ホンマでっか⁉ TV』（フジテレビ）というテレビ番組に出演したときのことです。

今は亡くなられた流通ジャーナリストの金子哲雄《かねこてつお》さんと、控え室でお話をさせてもらいました。

金子さんからもらった名刺には、「**週刊 金子哲雄**」と書かれてありました。

私は、「これはどういう意味ですか？」と聞くと、金子さんはこう答えました。

「毎週、名刺を新しくしているんです。それは、挨拶が大事だと思うからです。毎日たくさんの人に会っていると、誰に名刺を渡して、誰に渡していないかがわからなくなりますよね？

だから、会った人全員に渡して挨拶できるように、毎週日曜にプロフィールやメディア出演予定などを書き換えて、自分のパソコンで印刷しているんです。自分の名刺がたまたま転がっているのを見て、『あ、金子を呼んでみよう』と思ってくれたらいいなあ、と思っているんです」

それを聞いて、当時の金子さんがあらゆるところから引っ張りだこだった理由がわかったのです。

いくら実力があっても、踏ん反り返って待っていたら仕事はやってきません。**自分から主体的に名刺を渡しにいくことで、相手に存在を覚えてもらい、思い出してもらうきっかけをつくっているのです。**

他の知人にこの話をすると、彼は毎月、自分の好きな名言を名刺の裏に印刷するようにしたそうです。これも非常にいいアイデアだと思います。

「人と会うこと」は、コストのかかることです。

本来であれば、連絡先を調べ、アポイントを取り、面会場所まで移動し、そこで初めて会話をすることができます。

たくさんの時間や労力を投入する行為です。

それを考えると、自己紹介を準備したり、オリジナルの名刺をつくっておくことは、自己投資としてやっておくべきことだと私は考えます。

関西のおばちゃんの「飴ちゃん投資」

第一印象を最大化する人は、「プレゼント好き」であることが多いです。

自分のことだけを考えてしまうと、人にモノをあげる行為は、損失でしかありません。しかし、ギブアンドテイクの関係は、ギブが必ず最初にきます。

いい情報が集まる人は、自ら情報発信をする人です。いいノウハウを得られる人は、自らノウハウを開示する人です。

それと同様に、出会いをチャンスに変えるために、ちょっとしたプレゼント習慣を身につけるのは非常におすすめです。

プレゼントをするときの最大のポイントは、「さりげないもの」にすることです。

せっかくモノをあげても、高価なものや貴重なものだと、相手に気を遣わせてしまいます。

「何かお返しをしなきゃ」と思わせてしまうものは、プレゼントとして適切ではありません。

ここでイメージしてもらいたいのは、関西の「飴ちゃん文化」です。

関西のおばちゃんは、みんな巾着袋やポーチに飴を入れて、飴ちゃん袋として持ち歩いています。そして、美容院の待合室や喫茶店で隣り合わせた人など、初対面の人にも気兼ねなく「飴ちゃん」を差し出すのです。

おばちゃんたちの飴は、非常にいいコミュニケーションツールだと思います。もらっても困る人はいませんし、自然と相手の警戒心をゆるめ、会話のきっかけを生むことができます。

飴1つくらいならば、コストも非常に低いです。

投資家的に見ても、ぜひこの習慣は取り入れたいものです。

もちろん、渡すものは飴でなくても大丈夫です。クッキーやティーバッグ、入浴剤など、相手にプレッシャーを与えない「消えもの」がベストでしょう。

小さなプレゼントには、あなた自身のオリジナリティを出しても面白いでしょう。

企業が販促や記念でノベルティグッズを作りますが、あれと同様のサービスが、今や個人向けに充実しています。

たとえば、有名なチロルチョコでは、「DECOチョコ」というサービスでオリジナルチョコを作成できます。

メッセージを入れたり、オリジナルのイラストや自分の趣味に関する写真などを入れたりして、「自己紹介」や「名刺づくり」と結びつけると、簡単にあなたのセルフブランディングができるのです。

モノより「ストーリー」を身につけろ

セルフブランディングという意味では、「身につけているもの」にもこだわりを持ちたいところです。

とはいえ、自分のセンスを見せつけたり、おしゃれにお金をたくさんかけたりする必要はありません。

「ストーリー」を身につけるようにすべきだと思うのです。

これは、投資と浪費の話ともリンクするのですが、モノを買うときは、「投資か浪費か」を自覚するようにすすめてきました。わざわざお金を支払うことは、その商品やお店、企業を「応援」する行為でもあるからです。

そうすると、**あなたが身につけているモノは、ただ「なんとなく買ったもの」ではなく、背景があるはずです。**

服やカバン、メガネ、財布、靴、手帳、名刺入れなど、単純な消耗品ではないモノには、多少の「こだわり」があることでしょう。

それらについて、「語れるエピソード」があるかどうか。それがひいては自分を大事にすることにつながっているのです。

たとえば、「そのバッグ、おしゃれですね」と言われたとします。

そのときに、お礼を言うだけだったり、ブランド名をこたえるだけになってないでしょうか。

ぜひ、「**気に入ったポイント**」や「**作り手のこだわり**」「**誕生したストーリー**」などをひと言でも添えられるようになりましょう。

そのプラスアルファの情報が、あなた自身の印象にもつながってくるのです。

一瞬で「インパクト」を与える

出会いをチャンスに変えるには、見た目に何か1つ、「トレードマーク」となるものを取り入れるのも手です。

ミドリムシの機能性食品や化粧品の開発で注目を集めるバイオベンチャー、ユーグレナの社長である出雲充《いずもみつる》さんは、いつも鮮やかな黄緑色のネクタイを身につけています。

実際にお会いすると、ものすごいインパクトがありますから、話題に出さざるをえません。

出雲さんは、「このネクタイしか持っていないんですよ。じつは、これはミドリムシの色で」と話をはじめます。**ネクタイをきっかけにして、自分自身の事業の説明にもっていくことができるのです。**

このスタイルは、多くのビジネスマンにも学べることでしょう。

起業家でなくても、まずは相手に興味を持ってもらい、きっかけとして覚えてもらうためにも、ネクタイやメガネ、スマホカバー、名刺入れなど、小物に「仕掛け」を作っておくのは、非常に効果的な投資です。

ちなみに、女性の目は「先端部分」に、男性の目は「中心部分」に注目しやすい傾向があるといいます。

女性に対してアピールをする場合は「靴」や「指先」の手入れに気遣い、男性の場合は「首元」のネックレスやネクタイが効果的だそうです。

あなたが身につけているモノは、あなた自身の自己表現になります。つまり、**戦略的に選ぶことで、武器にもなるということです。**

そのためには、モノを買うときに店員さんに質問をしたり、ネットで調べたりして、ちゃんと納得してから買う、つまり投資をするという姿勢が大事です。

日常の姿勢が、見た目やスタイルに表れます。

浪費的な思考でモノを買う習慣は、きっぱりと捨ててしまいましょう。

「ちゃんと暮らす人」には敵わない

「一発逆転を狙うのではなく、長く地道に続けることが大事だ」というのは、本書で繰り返し伝えているメッセージです。

日常の生活習慣は、あなたの見た目や雰囲気に表れ、相手に伝わります。

一瞬はごまかせても、長い付き合いをしていくと、いつかはボロが出ます。セルフイメージを取り繕うには、たくさんの労力がかかります。

だからこそ、生活習慣を丸ごとアップデートすることが大事で、さらに、「これって投資？ それとも浪費？」という自問自答は非常に効果的なのです。

「体が資本」といいます。資本というのは、それがベースとなり、幸せをつくりだしていく「素《もと》」です。

資本はリターンを生み出す「素」ということは、自己投資の中で最も大事なのは「健康な体」への投資といえるかもしれません。

コピーライターの糸井重里《いといしげさと》さんは、こう語ります。

「ちゃんとメシ食って、ちゃんと風呂に入って、ちゃんと寝てる人には、敵わない」
「自分も健全なペースでこられたら、もっとできたこともあったと思う」

人生100年時代になり、これまで以上に「睡眠」「運動」「食事」の3つは重要なキーワードになってきています。

健康に長く働けるように、早くから意識や習慣を変えておくことは、貯金をしておくことよりも大事なことかもしれません。

そのためにも、「睡眠」「運動」「食事」のアンテナは日頃から立てておきましょう。

私も、「睡眠」については、もともとは休み下手でしたが、「枕が変わっても寝られる」「スキマ時間でも寝られる」などのスキルを身につけたり、社長として社内で「ちゃんと休んでる?」と声をかけるようにしています。

投資家的な考えを働かせると、人はこまめに休むほうが、自分の力を長く遠くまで

発揮できることになるからです。

「運動」については、大好きなテニスを生涯続けていこうと思っています。私にとって憧れの存在がいます。

アメリカで活躍するファンドマネジャーのアーヴィング・レヴィン氏です。

彼は、2016年の米国株運用でトップのパフォーマンスを収めた凄腕の投資家です。そのときの年齢は、なんと94歳でした。

レヴィン氏が長く結果を出せている背景には、テニスを続けていたことも影響していたはずです。私も大好きな仕事に長く携わっていくためにも、自己投資としてスポーツを継続していきます。

「食事」については、もちろん、私は食事の専門家ではありませんが、**投資価値があると思うのは、「宅配サービス」です。**

食材宅配のオイシックスでは、食材とレシピがセットになった「Kit Oisix」が人気です。各食材がカットされて下ごしらえされた状態で料理が始められるので、手間は格段に下がります。

旬のおかずを宅配してくれる「わんまいる」も共働きの夫婦などに支持されています。調理といっても、真空パックで急速冷凍された主菜と副菜を解凍するだけ。栄養バランスや国産野菜にこだわっており、忙しいときでも手作り感のある料理が安心して楽しめます。

以上、100年時代を見据えながら、ずっと付き合っていく「自分自身」に対して、主体的にお金や時間を投じていくようにしましょう。

投資家流の学び

勉強は一生、やり続けるものだ

今、社会人の間では、独学・教養ブームが続いています。「学び直し」が時代のキーワードとなり、読書をしたり、講座に参加したりする人が増えています。

ここまでも述べたように、学校教育だけで社会に出ても、学んだ知識が役に立つとは限らないからです。

知識はつねにアップデートする必要がありますし、通常の学校教育だけでは土台となる教養に触れる機会もありません。

投資する姿勢と同じように、主体的に自分の時間とお金をエネルギーとして投じていかなくはいけないのです。

いかがでしょう。みなさんには、「学ぶ姿勢」はありますか。

学ぶ姿勢があるかないか、簡単に見分けるコツがあります。それは、「メモを取る習慣」があるかどうかです。

一流は「メモ魔」

私はこれまで、たくさんの起業家や経営者に会ってインタビューをしてきました。成功する人たちに共通して多いのが、「メモ魔」です。

十分に知識量があるような人でも、手元には手帳を置き、話の途中でもメモを取るのです。

印象的だったのは、ソフトブレーンの創業者・宋文洲《そうぶんしゅう》さんでした。話の最中であっても、すぐにメモを取るのです。

彼は、メモ魔について、あるエピソードを教えてくれました。

大手スーパーマーケットの創業者と面談をしたときの話です。

話をしながら熱心にメモを取っていたので、何を書いているのかをのぞいてみると、そこには、相手が話したことだけでなく、自分が話したことも書いていたそうです。

つまり、相手からインプットしたことに限らず、それを受けて自分なりに考えたアウトプットを、その場でしていたのです。

受け身的に情報を得るだけでなく、主体的にアイデアを生み出す姿勢が身についているからこそ、なし得ることでしょう。

「メモを取りましょう」という話をすると、多くの人は、「記憶のためだろう」と高を括ります。しかし、それだけではありません。

「相手から学び取ってやろう」と、受け身な自分を根本から変え、主体的になることもメリットとしてありますが、相手側から見ると、**「この人は熱心に聞いてくれている。じゃあ、この情報も話してあげよう」と、心を開く要素になるのです。**

これまで散々述べてきた、「人間関係の資産を増やす」という意味でも、メモは大きな力を発揮します。

投資家的に見ると、メモは非常にハイリターンな習慣なのです。

ちなみに、メモの取り方は人によってバラバラです。

紙の裏を使う人もいれば、ロディアやモレスキンのようなおしゃれなメーカーの手帳を愛用している人もいます。

私の場合は、手帳の他に、iPhoneやiPadを使って、Evernoteに書き残しておくことが多いです。

いかに「学ぶチャンス」を増やすか

さて、「学ぶ姿勢」が身についたら、早速、実践に移りましょう。

あなたは、「学ぶ機会」をいくつ持っていますか。

自己投資だといって、高額なセミナーに申し込んだり、合宿に参加しなければならないと思い込んでいる人は、注意が必要かもしれません。

それらの中には有意義なものもあるかもしれませんが、まずは「無料で学ぶ」ことからはじめてみましょう。

あくまで日常生活の中で会社と家の往復だけにならないように、「学ぶ機会」を増やすことが大事です。

もちろん、家でもインターネット動画などのセミナーを見ることができるでしょうが、**リターンが大きいのは、「実際に出掛けて直接話を聞く」ということです。**

無料の講座やセミナーは、調べてみると全国各地で開催されています。

おすすめは、自分が住んでいる市区町村の役所が主催している勉強会やセミナーです。無料なものがほとんどで、ある程度の質の高さも見込めます。

また、新聞社や銀行が主催する無料講座もコスパがよいです。

ちなみに、私の会社で運営している「ひふみ投信」でも、定期的に無料のセミナーを開催しています。女子勉強会や各界の著名人を招いた勉強会「ひふみサロン」など、経済や投資について学びたい人に有益な場を設けています。ぜひ、「ひふみ投信セミナー」で検索してみてください。

「学ぶ姿勢」を高める

私はセミナーを主催している側として、とても気になることが2つあります。

1つは、「座る席」です。

セミナー会場をオープンすると、前のほうの席はガラ空きのまま後ろの席から順に埋まっていきます。これは、海外では珍しいことで、日本特有の現象のようです。

主体的に学ぶのであれば、ぜひ、前のほうに座る勇気を持ってほしいと思っています。前のほうに座り、顔が見える位置で目を合わせて話を聞くのです。

熱心に聞いていることが伝わると、不思議と話している人は、「もっと有益なことを話そう」「特別にここだけの話をしよう」と、サービス精神が湧いてきます。

これは、プレゼンやスピーチなど、人前で話したことがある人なら誰しも経験したことがあることでしょう。

せっかくの学びの機会です。内容の「質」を上げるのは、参加者の手にかかっているのです。

もうひとつの気になることは、「質問」です。

セミナーや講演会では、最後に参加者からの質問コーナーが設けられることがほとんどでしょう。

このときに、1つも質問がないと、非常にもったいない気持ちになります。

話を聞いているときは、「何か質問はないか」「疑問に思うことはないか」と、頭の片隅に置きながら聞くようにしてみてください。

すると、インプットの質が格段に上がります。

そして、質問タイムになった瞬間に手が挙がると、これもまた話し手側の人は乗り気になります。

会が終わったあと、名刺交換などにつながり、あなたの人脈になるチャンスもあるでしょう。これほどメリットづくしなことはありません。

「できるだけ前のほうに座り、質問する覚悟で聞く」

そういうスタイルを身につけておくだけで、あなたの存在は、その他大勢の中から抜きん出ることができるでしょう。

強制的に「科学技術」を学ぶ

年をとればとるほど、新しい知識を得ることが億劫になっていきます。

もし、学生時代に知的興奮を覚えることに快感を得る経験をしているなら、それは一生涯の財産になります。

「**知らないことを知ろうとする**」

これはまさに、学び方そのものが生き方につながることであり、未来を明るくとらえるための心構えにもなりえます。

その好奇心を測る「あるモノサシ」があります。

それが、科学技術への関心度です。

高齢者の人たちを見ていると、ハッキリと2つの人に分かれます。

一方は、スマホやパソコンなどの知識がなく、最初から「どうせ使いこなせない」と決めつけている人たち。もう一方は、何歳になっても貪欲に新しいものにチャレンジする人たちです。

この違いは、何も「知識の差」があるからではありません。

知らないことを知ろうとする「姿勢の差」なのです。

いま、20代や30代の若者は、ほぼ全員がスマホやパソコンを最低限使いこなせると思います。

しかし、この先、年をとるにつれ、さらに新しい技術が現れてきます。

そうなったときに、今、あなたが見ている多くの高齢者のように、あなた自身も「新しいものはけしからん」「昔のスマホやパソコンの時代がよかった」などと言いはじめる可能性だってあるのです。

そうならないためには、**「科学技術の知識」は、半ば強制的に身につけるようにしておくのがよい**と思います。

「投資家の視点」の話では、家電量販店を定点観測することを紹介しましたが、それ以外にも、ぜひ、博物館や科学館に足を運ぶようにしてみてください。

最新の科学技術や宇宙開発の動向などは、その後は実用化につながり、私たちの生活のすみずみにまで行き届くようになります。

その動きを感じ取るのに、博物館や科学館の展覧会はうってつけです。数ヶ月に一度は、どんなイベントが催されているのかをウォッチして、参加するようにしてください。

日本の文化を「1つだけ」語る

外国人と話す機会があると、しばしば「日本の文化についてどう思うか」と尋ねられることがあります。

そんなとき、あなたはすぐに答えられますか。

意外と答えに詰まってしまうのではないでしょうか。日本にずっと暮らしていると当たり前になって忘れがちですが、私たちはとても個性豊かな文化のなかで暮らしています。

日本文化についての知識があると、外国人と話すときだけでなく、シニア世代の人たちと会話するときにも役立ちます。日本文化を体験したという話をすれば、きっと好感を持ってくれるでしょう。

そういう意味でも、コストパフォーマンスの大きい学びの1つなのです。

人に説明できるようになるには、やはり何事も体験してみることです。これまで何度も述べているように、体験はあなた自身の価値を高めます。

着物の着付けや書道、華道、茶道、日本舞踊や俳句・短歌など、初心者向けの体験教室が数多くあります。

無料のものから数千円の価格くらいまで、手の出しやすいものを試してみましょう。

ちなみに私は、高野山で坐禅《ざぜん》と写経をしたことがあり、外国人とのコミュニケーションでは、それについて語れるように用意しています。

なんとなくのイメージで語るのと、実際に体験して語るのとではまったく伝わり方が違います。

ハードルが高そうで実は誰でも気軽に体験できるものです。外国人観光客のような気分で、1つだけでも日本文化を語れるようにしておきましょう。

「ランダム性」を取り入れる

インターネットの登場により、情報は検索すれば手軽に誰でも手に入れられる時代になりました。

メリットはたくさんありますが、あえてデメリットを挙げるなら、「ランダム性が少ない」ということでしょう。

自分が調べたいものが明確にあってこそ、インターネットは役に立つものですが、逆にみると、「自分が見たいものしか見られない」という側面があります。**思いもよらなかった情報や知識が手に入りにくいのです。**

自分の興味の枠を広げるためには、ランダム性を取り入れる必要があります。

そこで、ぜひやってほしい習慣をいくつか紹介しましょう。

まずは、「読書」です。読書は確実なリターンが得られる最高の自己投資だと思います。1冊の本には何かの道に精通した著者がそれまでの人生で得た経験値が凝縮されています。

読書からよりよい投資効果を生み出すためには、いくつかのポイントがあります。

まずは何を読むのかですが、本書のようなビジネス書だけでなく、様々なジャンルの本を読んでください。ビジネス書の次は小説、次はノンフィクション、その次は新書……と、「ランダム」になるように意識します。

そのためには、「**人が薦めてくれたものはとりあえず買ってみる**」というのが効果的です。「○○は読まない」などと決めてかからないようにしてください。

また、「新聞」も再評価していいかもしれません。

新聞の特徴は、情報の正確さと「網羅性」です。ＳＮＳやネットのニュースだけでは、自分の関心の高いものしか見えなくなりがちです。

新聞の場合は、あらゆる分野に記者を配置して、それぞれの記事を編集し、網羅的に世間に伝えていこうというコンセプトになっています。パラパラとめくるだけで、自分の関心のないものにも出会う可能性が高まります。

ネット上で主体的にどんどん新しい情報に触れる人であれば必要ないかもしれませんが、そうでない人なら、新聞の網羅性を利用するのもアリだと思います。


紙ではなく電子版を使うのであれば、やはり日経電子版がおすすめです。機能がとても充実しており、私も毎日ｉＰａｄを使って読んでいます。

特に気に入っているのが、「キーワード登録機能」です。１００ワードまで好きな単語を登録できて、その単語が出てくる記事の見出しが赤くふち取りされて表示されます。

ちなみに私は仕事柄、投資先関連のニュースがほしいので、「上方修正」「ＩＰＯ」「最高値」「増益」「増収」の5ワードを登録しています。すると、**見過ごしてしまいそうな小さい記事も漏らさず拾うことができるのです。**

また、ネットでの情報収集でも、有名人やエコノミスト、投資家などをキュレーター（専門知識を持つ識者）としてフォローして、その人たちのコメントをチェックするようにしましょう。

「**自分が興味のある人が、何に興味があるのか**」を追うことで、興味の枠を強制的に広げることができます。これもランダム性を取り入れる上で効果的な方法です。

エピローグ
「お金の投資」をはじめてみよう

「投資はお金だけの世界の話ではない」

本書ではこのメッセージを繰り返し伝えてきました。

とはいえ、人生の1つの要素として、お金が必要であることはたしかです。

そこで最後に、自分のお金を将来のためにどう育てていけばいいのかについて、最低限の知識を授けたいと思います。ここまで「投資家みたいに生きる方法」を読んでくださったみなさんですから、きっとお金の投資についても心構えができてきているはずです。すんなり理解いただけると思います。

「小さく・ゆっくり・長く」の原則

まず、58ページの「桐の木」の話をもう一度思い出してください。庭に桐の木を植えて嫁入り道具にした話です。

この話を聞いたとき、投資による資産形成のことと重なりました。投資のために最も重要な資源とは「時間」、そして「育てる」ことこそが投資の本質だからです。この桐の木に価値が生まれたのは、長い時間をかけて家族が育てたからです。途中で切ってしまうと価値は生まれません。じっくり我慢することも必要です。

桐たんすも最初に苗木を植えなければはじまらないように、**投資もまずは「はじめてみる」ことが大事なのです**。投資の本をじっくり読み込んで理論武装するより、とりあえずはじめてみる。株式市場や経済の成り立ちについては、頭ではなく肌で感じるほうが効率的です。「習うよりも、慣れろ」です。はじめたあとに入門書を読めば、全体像を素早くつかむことができるはずです。

私が投資をはじめる人にお伝えしているのは、「小さく・ゆっくり・長く」という原則です。

「小さく」というのは、自分の手に汗をかかない金額ではじめること。「ゆっくり」は、焦らずに時間分散をすること。「長く」はできるだけ長期的に続けることです。

とはいえ、人生にはいろいろなことが起こります。余裕がないときには途中でやめたり、立ち止まってもいいのです。そういったスタイルに合っているのが、投資信託の「積み立て投資」という方法なのです。

たまごを1つのかごに盛るな

投資信託とは、個人の投資家からお金を集めて、彼らの代わりに株式や債券などの金融商品に投資をし、成果をあげ、その利益を投資家たちに還元するというものです。投資をはじめたいけど自信がない人や時間をかけたくない人にとっては、**プロが代わりに運用してくれたほうが得ですし、手軽に分散投資ができるのでリスクを減らすことができます。**

投資信託のメリットについてまとめておきましょう。

1つ目が、「分散投資」です。

個人で株式投資をしようと思うと、株価×最低投資件数のお金が必要になります。

もし、株価3000円で単元株100株を買う場合、3000円×100株＝30万円を用意しなくてはいけません。個人だけで他の銘柄にも分散投資をしようと思うと、相当な資金が必要になるわけです。

投資の世界には、「たまごを1つのかごに盛るな」という格言があります。資産を分散して投資すれば、たとえそのうちの1つが損失を被っても、他の資産への投資によって損失はある程度おさえられるという意味です。

投資信託では、個人が用意できる資金でも分散投資が可能なのです。

2つ目のメリットは、「プロが運用していること」です。

先ほども少し述べたように、投資信託はプロのファンドマネジャーに運用を任せることになるので、勉強したり情報収集をしたりする時間がない人にはうってつけです。

この本では、サラリーマンのように本業を持つ人を読者に想定して、投資家みたいに生きる方法について述べてきました。

そのため、優先すべきは、その本業で長く働けるように自己投資をすることです。

自分で株式投資をするとなると、仕事の合間に株価をチェックしたり、つねに最新

情報を集めたりする必要があり、本業に支障が出る可能性があります。

その労力を和らげる意味でも、運用はプロに任せて、長期的に資産形成をしていく方法がおすすめです。

3つ目のメリットが、「少額でできること」です。

投資信託は、少額からでも買うことができます。

販売会社によって最低投資金額が決まっており、従来は1万円からが主流でしたが、最近ではネット証券などで100円から買えるようにもなっています。

「まとまったお金ができたら投資をしたい」と言う人が多いですが、その考えではなかなかはじめられないのではないでしょうか。

私が提案しているのは、「貯めてから投資しよう」ではなく、**「貯めながら投資しよう」**という考え方です。

投資信託には、毎月定額ずつ「自動積み立て」ができる仕組みがあります。

この仕組みを利用すれば、預貯金で積み立てをして「お金を貯める」ような感覚で「貯めながら増やす」ことができるのです。

毎月5000円や1万円という金額で積み立て投資が可能ならば、自分でもできそうだと思えるのではないでしょうか。

「未来を信じる人」が、続けられる

積み立て投資にはさまざまなメリットがあります。

長く続けることで、「複利効果」が得られ、利息が利息を生むことが期待できます。また、毎月一定額を購入することで、価格の上下を経たときの平均的な購入単価を抑えることができます。他にも、値上がりや値下がりによる感情に振り回されることなく、毎月同じ金額を淡々と積み立てることができます。

リーマン・ショックが起こったときも、世界各国で公的資金が注入されて経済は回復してきたので、**結果的に、暴落時にも投資を続けていた人は、振り返ってみると大きな利益をえることができたのです。**

それに、積み立ては、はじめたら必ず続けなければいけないものではありません。子どもの進学や引っ越しのタイミングなど、現金が必要なときには迷わず解約していいのです。

ただ、積み立て投資を続けていくためには、1つ大切なことがあります。それは、長い目で見れば「未来は明るい」と信じられるかどうかです。

日本は少子高齢化社会に突入しましたが、衰退していくだけだという悲観的な見方しかできないようなら、株式に投資すべきではないでしょう。

「**日本にはたくさんの素晴らしい企業があり、情熱を持った人たちが頑張ることで成長していくのだ**」

そう信じられる人だけが、投資を続けることができます。

積み立て投資を続けることは、未来を信じる力を持つことでもあるのです。

「貯蓄から投資へ」の転換期

一般社団法人投資信託協会のデータによれば、2019年6月末現在、約6000本以上の投資信託が存在します。資産運用が面倒だから投資信託があるのに、その投資信託にこれだけの種類があるなら、その中から選ぶだけでも大変です。

これでは投資ギライの人があらわれるのも無理ありません。

日本の投資信託の運用会社では、1つの投資信託が何年も大切に運用されるケースがありませんでした。

たとえば、食品業界ではポッキーやポテトチップスなど、長く愛され続けるブランド商品があります。**一方で投資信託の業界では、そのような長く愛される商品がありません。**それは、自社の短期的な利益を第一に考える金融機関が多すぎるからです。目先の売りやすさだけを求めて新商品への乗り換えを促し、種類だけがどんどん増えていってしまったのです。

ただし、この状況は、いま転換期を迎えつつあります。金融庁の改革が進み、森信親前長官になったときに、顧客の利益を第一に考える営業を金融機関に強く求めるようになりました。運用実績のある既存のファンドをじっくり伸ばす方針がじわじわとではありますが、広がりつつあります。

さらに、国が長期目線の投資に対して優遇制度を導入したことも大きな転機となっています。2017年から始まったのが、個人型確定拠出年金（iDeCo）という制度で、2018年から始まったのが、つみたてNISA（少額投資非課税制度）です。投資を始めるのであれば、今はよい時期になってきたと言えます。制度については、詳しくは、後述します。

Q．口座を開くにはどうしたらいい？

まずは銀行や証券会社など、投資信託を販売している金融機関に口座（総合取引口座）を開きます。口座にも種類があります。

まず、特定口座か一般口座があります。特定口座なら「源泉徴収のあり・なし」を選ぶ必要があります。**初心者で年間の取引金額が100万円以下であれば、特定口座（源泉徴収あり）がよいでしょう。**

その他に、NISA口座というものも存在します。NISAとは、年間の取引金額120万円までの投資で得た利益にかかる税金がゼロになる仕組みです。後ほど詳しく説明します。

Q．投資信託にはどんな種類がある？

日本には投資信託が6000本以上あると述べましたが、その種類もさまざまです。

3つの分類の仕方を紹介しましょう。

まず、「**投資対象**」の分類です。株式に投資をおこなうことができる株式投資信託と、国債や金融債など安全性の高い公社債を中心に運用する公社債投資信託が主に知られています。他にも、不動産やコモディティなどへ投資するものもあります。

次に、「**投資地域**」による分類です。日本株、先進国株、新興国株、日本国債、先進国債、新興国債の6種類に大別されます。一般的にリターンが大きいのは、新興国のものです。

3つ目が、「**投資スタイル**」による分類です。インデックス型とアクティブ型の2種類があります。

インデックス型は、日経平均株価やTOPIX（東証株価指数）などの株価指数への連動を目指すもので、市場平均並みの運用成績を狙う投資信託です。

アクティブ型は、ファンドマネジャーの腕によって市場平均を上回る運用成績を目指すものです。私たちが運用している「ひふみ投信」は、アクティブ運用になります。

Q.投資信託のコストはどうなっている？

投資信託にかかるコストは、全部で3つあります。**販売手数料（買付手数料）、信託報酬（運用管理費）、信託財産留保額の3つです。**

これらのコストは、投資信託の目論見書に必ず書いてあるので、事前に確認しましょう。

Q.「iDeCo」ってどんな制度？

iDeCo（個人型確定拠出年金）は、税金を減らしながら投資できる制度です。

2017年1月から、公務員や専業主婦、企業年金に加入している会社員も含め、基本的に60歳未満のすべての現役世代が加入できるようになりました。

原則60歳まで引き出すことはできないところに注意ですが、老後資金向けの資産づくりにはおトクな制度です。

3つのメリットを紹介しましょう。

まず、**「掛け金が全額所得控除」**という点です。仮に年収400万円の会社員が毎月2万3000円を積み立てたとしたら、1年で8万4000円の節税ができます。

2つ目は、**「運用益が非課税」**という点です。通常の課税口座であれば、利益に対して20・315％が課税されます。

3点目が、**「給付金を受け取るときも税制優遇措置がある」**ことです。

給付金は一時金または年金で受け取り、それぞれに税制優遇があります。

商品は元本確保商品と、投資信託から選択ができます。自分の年齢やリスク許容度、運用期間、目標金額などを検討して選びましょう。

ちなみに、私が運用している投資信託「ひふみ」シリーズにも、確定拠出年金制度を利用できる「ひふみ年金」があります。

iDeCoをはじめたい人は、銀行や信用金庫、信託銀行、労働金庫、保険会社、証券会社など、金融機関が窓口（運営管理機関）になりますが、通常の金融機関の仕事とは異なるため、基本的に申し込みはコールセンターかウェブでの対応になります。

初回の加入時と毎月の運用手数料（加入手数料と口座管理手数料）がかかりますが、この手数料は運営管理機関によって異なります。

また、投資商品のラインナップについても運営管理機関によって異なるので、事前に比較して調べるようにしましょう。

興味のある方は、次のサイトで調べるのがおすすめです。

・確定拠出年金教育協会：https://www.dcnenkin.jp/
・モーニングスター：https://www.morningstar.co.jp/ideco/

Q.「NISA」ってどんな制度？

NISAとは、毎年決まった非課税投資枠が設定され、上場株式や投資信託の配当金（分配金）や値上がり益が非課税になる制度のことです。

日本に住む20歳以上の人が対象です。

取引できるNISA口座は1人につき1つの口座までです。投資目的に合わせて、「一般NISA」か「つみたてNISA」かを選べます。2つを併用はできませんが、年ごとに選択することができます。

一般NISAで投資できるのは、年間120万円までですが、投資した商品（上場株式や株式投資信託など）に対する利益や配当金、分配金は非課税になります。

注意点としては、NISA口座内で発生した利益や損益と、他の課税口座（特定口座、一般口座）で発生した利益・損益とを、損益通算できないことです。損失の繰越控除もできません。

NISA口座では、中長期的にじっくり増えるような商品に投資するなど、投資方針を事前に考えておくとよいでしょう。

つみたてNISAは、投資信託の「積み立て」に特化した制度です。

「貯蓄から投資へ」という流れを推進した金融庁の肝煎《きもい》りの制度で、2018年1月からスタートしました。

メリットを4つ紹介しましょう。

1点目は、「**運用益が非課税になる**」ということです。年間40万円まで20年間のもうけに対して課税されません。毎年、枠いっぱいの40万円の投資を20年間続けたとすると、最大800万円までの運用益が非課税になります。

2点目は、「**日本に住む20歳以上の人**」であれば、誰でも利用できることです。70歳や80歳の人でも、つみたてNISAで長期投資をはじめることができます。

3点目は、「**払い出しの制限がない**」ということです。いつでも引き出せるので、さまざまな目的で利用できます。

最後に、「**対象商品が厳選されている**」という点があります。金融庁は、つみたてNISAの対象となる商品を限定しています。顧客にとって長期投資のメリットが少ないものは排除されたので、安心して商品を選ぶことができます。ちなみに、私たちが運用する「ひふみ投信」「ひふみプラス」も、対象商品になっています。

以上、老後のための資産形成を考えていたり、初めて投資信託をはじめたいならば、つみたてNISAは非常におすすめです。

おわりに
サラリーマンの「虎」になれ

最後まで本書を読んでいただき、ありがとうございました。

「はじめに」で問題提起をした、「元気でいる限り長く働き続けること」「将来に備えて収入の一部を投資に回すこと」という投資家的な解決法について、詳細に書いてきました。

この本では、サラリーマンなどの本業を持つ人を想定読者にしました。

できるだけハードルを低くして投資のメリットを理解してもらい、本業を続けながら長期的に成長していく方法を紹介しました。

それが、「投資家という職業になる」ではなく、「投資家みたいに生きる」というメッセージです。

投資家の思考と習慣を身につけ、必要以上にお金の不安に取り憑かれずに生きていっていただきたいなと思っています。

というのも、そうした思考や習慣を身につけている人たちを、私は、「虎たち」と呼び、その虎たちが日本を引っ張っていくと考えているからです。

私はこれまでの著書で、「2種類の虎たちが頑張っている」ことを伝えてきました。それが、**「ベンチャーの虎」**と**「ヤンキーの虎」**です。

「ベンチャーの虎」とは、ビジネスに新規性があり、最先端の技術やマーケティング手法を駆使して、資本市場から積極的に調達をしながら、世界に打って出るような起業家たちのことです。ソニーやホンダなどの有名企業も、かつてはベンチャーの虎でした。国もベンチャー企業支援のための制度を拡充しています。

もう1つの「ヤンキーの虎」は、いわゆる地方のマイルドヤンキーたちを雇用して束ねていくリーダーで、携帯電話の販売店、コンビニエンスストアのフランチャイジー、介護関連サービス業などを複数経営して、近年各地で存在感を出しています。拙著『ヤンキーの虎　新・地元経済の支配者たち』（東洋経済新報社）で彼らの存在を定義して話題になりました。

私は、日本株のファンドマネジャーとして、「ベンチャーの虎」的な会社や、「ヤンキーの虎」的な会社を探して、投資してきました。

そして、もっと重要な「虎」が存在していることに気がついたのです。それが、「**サラリーマンの虎**」です（覚えやすいように、〝トラリーマン〟と呼んでいます）。

「トラリーマン」とは、「高い職業倫理と高度な専門性を持って、顧客のために満足できる結果を残すことのできる付加価値の高いサラリーマン」のことを指します。反対の言葉は、本書でも何度も登場した「社畜」ですね。

「ベンチャーの虎」や「ヤンキーの虎」も必要なのですが、起業や経営という選択はどんな人にも歩める道ではありません。実際にこの本を読んでくださった人の多くは、どこかの企業や団体に勤めるサラリーマンでしょう。

「サラリーマンの虎」になるための鍵となるのが、本書でお伝えしてきた「投資」への意識です。

「社畜」と「トラリーマン」を分ける違いが、まさにここにあるのです。

「会社に属し、会社のために働かされている」という意識ではなく、「**この仕事を、会社を、自らが選んでいる**」という意識でいられるかどうか。この意識の差によって、行動がまるで違ってきます。

何か不祥事が起きたときに、「会社での地位のため保身に走り、自分の意思と良心を放棄する」のが社畜ですが、まずは「自分の意思と良心に従う」のがトラリーマンです。

上司に対してでも、「間違っていることは間違っている」と吠《ほ》えることができ、同じような虎のマインドを持った社内の協力者と問題に立ち向かっていける。そのような存在になってほしいのです。

本書で書いてきたノウハウを生かし、長い人生で働いていくこと自体を楽しみ、高度な専門性で生産性の高いサラリーマンが日本に増えれば、ますます企業は成長し、日本はもっと明るく、強く、元気になっていくでしょう。

過去、私自身も大企業のサラリーマンでした。だから、「出る杭を打つ」という日本の同調的な企業体質があることは非常にわかります。

ただ、今こうして会社の経営者の立場になって思うのは、「**サラリーマンはとても守られている**」ということです。上司に批判的だからといって、部下をクビにすることはできません。

「会社の改革をしたい」「面白いアイデアがある」といった場合、会社の中で実践していくことは、昔の日本よりもやりやすくなっていると感じます。

時代の変化に対応するために、会社だって長期的にプラスなことであれば応援したほうが得だからです。

もちろん、会社の体質にもよる部分も大きいでしょうが、まずはあなたが動いてみて、ダメだったら転職をすればいいのです。

どうか、主体的に、会社を利用する存在であってください。

また、資金の目途がついて仲間のサポートが得られるのならば、自分で起業して「ベンチャーの虎」や「ヤンキーの虎」として、大暴れする道も考えてみてください。

ちなみに、「トラリーマンはハードルが高い」とおっしゃる方もいるでしょう。実際にはおそらく、そう思っている自信のない人が大部分だと思います。そういう人に対して、私は「ネコリーマンという生き方もある」と進言しています。

「**会社に所属し、生活のためにそのインフラは活用するものの、出世は目指さず、しかし決して社畜にならず、自分の人生を自分でデザインする**」、それがネコリーマンです。副業が解禁される流れでもありますし、自分の得意技を活かした副業などをはじめてみるのもいいかもしれませんね。

トラリーマンでもネコリーマンでも構いません。自分の人生を自分で生きるという覚悟さえできたら、それが広い意味で「投資家みたいな生き方」であるのです。

自分の人生を自分のために取り戻して、それぞれの幸せに向かって生きる。

そんな人が1人でも多く増える未来を、私は信じています。

藤野英人

参考図書

『ライフ・シフト』リンダ・グラットン／アンドリュー・スコット著、池村千秋訳、東洋経済新報社
『ファスト&スロー』ダニエル・カーネマン著、村井章子訳、ハヤカワ・ノンフィクション文庫
『7つの習慣』スティーブン・R・コヴィー著、フランクリン・コヴィー・ジャパン訳、キングベアー出版
『運のいい人の法則』リチャード・ワイズマン博士著、矢羽野薫訳、角川文庫
『立花隆のすべて』立花隆、文春文庫
『藤原和博の必ず食える1%の人になれる方法』藤原和博、東洋経済新報社
『僕は君たちに武器を配りたい』瀧本哲史、講談社
『投資家が「お金」よりも大切にしていること』藤野英人、星海社新書
『投資レジェンドが教えるヤバい会社』藤野英人、日経ビジネス人文庫
『投資バカの思考法』藤野英人、SBクリエイティブ
『お金を話そう。』藤野英人、弘文堂
『さらば、GG資本主義』藤野英人、光文社新書
『ビジネスに役立つ「商売の日本史」講義』藤野英人、PHPビジネス新書

［著者］
藤野英人（ふじの・ひでと）
1966年富山県生まれ。投資家、ファンドマネジャー。レオス・キャピタルワークス株式会社代表取締役社長・最高投資責任者（CIO）。早稲田大学法学部卒。国内・外資大手投資運用会社でファンドマネジャーを歴任後、2003年レオス・キャピタルワークス株式会社を創業。主に日本の成長企業に投資する株式投資信託「ひふみ」シリーズを運用。一般社団法人投資信託協会理事。投資教育にも注力しており、JPXアカデミー・フェロー、明治大学商学部兼任講師も務める。
主な著書に『投資家が「お金」よりも大切にしていること』（星海社新書）、『お金を話そう。』（弘文堂）などがある。

※本書は、特定の金融商品の推奨や投資勧誘を意図するものではありません。最終的な投資の判断は、最新の情報を確認し、ご自身の判断と責任でおこなってください。

投資家みたいに生きろ
――将来の不安を打ち破る人生戦略

2019年９月11日　第１刷発行

著　者――藤野英人
発行所――ダイヤモンド社
〒150-8409　東京都渋谷区神宮前6-12-17
http://www.diamond.co.jp/
電話／03･5778･7232（編集）　03･5778･7240（販売）
カバーデザイン―小口翔平＋岩永香穂(tobufune)
本文デザイン―山之口正和(tobufune)
編集協力――坂﨑絢子(レオス・キャピタルワークス)
本文DTP――キャップス
校正――――円水社
製作進行――ダイヤモンド・グラフィック社
印刷――――三松堂
製本――――ブックアート
編集担当――種岡 健

ISBN 978-4-478-10777-5